Andrei Șaguna, Z Boiu

Geschichte der griechisch-orientalischen Kirche in Österreich

Andrei
S
,
aguna, Z Boiu

Geschichte der griechisch-orientalischen Kirche in Österreich

ISBN/EAN: 9783741158872

Hergestellt in Europa, USA, Kanada, Australien, Japan

Cover: Foto ©Lupo / pixelio.de

Manufactured and distributed by brebook publishing software (www.brebook.com)

Andrei Șaguna, Z Boiu

Geschichte der griechisch-orientalischen Kirche in Österreich

Geschichte
der
griechisch-orientalischen Kirche
in Oestreich.

Bruchstücke
aus der
allgemeinen Kirchengeschichte
des

Andreas Freiherrn von Schaguna,
Bischofs der gr. orient. Kirche in Siebenbürgen,

wortgetreu übersetzt
von
Z. BOIU und **J. POPESCU,**
Lehrer an der gr. orient. päd. theol. Diöcesan-Anstalt zu Hermannstadt.

HERMANNSTADT,
Druck von Josef Drotleff 1862.

Inhalts-Verzeichniß.

Erstes Kapitel.
Von der Bekehrung des romanischen Volkes zum Christenthum.

Erster Abschnitt.
Allgemeine Bemerkungen über die Christianisirung des romanischen Volkes. §. 1—9. S. 1—8.

Zweiter Abschnitt.
Ueber die orthodoxe orientalische Kirche in Siebenbürgen. §. 9—77. S. 8—148.

Dritter Abschnitt.
Ueber die orthodoxe Kirche von Kumanien und Bihar. §. 77—86. S. 148—164.

Vierter Abschnitt.
Von dem Banate. §. 86—96. S. 164—173.

Fünfter Abschnitt.
Ueber die Kirche in der Bukowina. §. 96—101. S. 173—179.

Zweites Kapitel.

Ueber die Lage der Kirche unter der serbischen Nation.

Erster Abschnitt.
Allgemeine Bemerkungen. §. 101—104. S. 179—184.

Zweiter Abschnitt.
Ueber die rechtgläubige Kirche in der serbischen Woiwodschaft, im temescher Banat, Ungarn, Slavonien und Kroatien. §. 105—108. S. 184—187.

Dritter Abschnitt.
Religionsereignisse in Slavonien. §. 108—112. S. 187—190.

Vierter Abschnitt.
Ueber die Karlowitzer Metropolie und die zu derselben gehörenden Bisthümer. §. 112—131. S. 190—222.

Fünfter Abschnitt.
Ueber die Kirche in Dalmatien. §. 131—133. S. 222—224.

Erstes Capitel.
Von der Bekehrung des romanischen Volkes zum Christenthum.

Erster Abschnitt.
Allgemeine Bemerkungen über die Christianisirung des romanischen Volkes.

1. Am Eingange dieses Abschnittes, in welchem wir von der Christianisirung des romanischen Volkes zu sprechen im Begriffe sind, berühren wir blos so viel, daß wir Romanen das Erwachsensein des heutigen romanischen Volkes aus den römischen Ansiedlern, welche theils als die Kriegsleute Trajans, theils als Ansiedler nach Dazien gekommen und daselbst geblieben sind, glauben und bekennen; denn als Trajan Dazien in Folge des Krieges mit Dezebal entvölkert sah, brachte er viel Volk aus der ganzen römischen Welt hin, welche das Land und die Städte bauen sollten, Eutropius liber VIII. Dies geschah um das Jahr 105 nach Christi Geburt, als nämlich die römischen Soldaten und Colonisten Dazien von der Theiß bis an die Donau und das schwarze Meer in Besitz nahmen.

2. Daß unter diesen römischen Soldaten und Colonisten Viele sich zum Christenthum bekannten, ist für Jene, die auch nur eine noch so geringe Kenntniß von der Ausbreitung des Christentums haben, nicht nur glaublich sondern es kann aus den Thaten und Briefen der heiligen Apostel der Beweis geliefert werden, daß die Christianisirung der Römer zur Zeit der Apostel begann, und daß das Christenthum unter allen Klassen des römischen Volkes Anhänger hatte. So lesen wir Apostelgesch. c 10, wie ein frommer und gottesfürchtiger Mann in Cäsarea, Namens Cornelius, Hauptmann der italienischen Legion, nebst seinem ganzen Hause vom Apostel Petrus die heil. Taufe empfing. Der Apostel Paulus aber auf der Insel Cypern bis Paphos vordrang und den Proconsul Sergius Paul taufte Apostelgesch. c. 13 — Ferner schreibt der Apostel Paulus in seinen Briefen an die Römer c. 1, B. 7: „Allen, die zu Rom sind, den Liebsten Gottes und Berufenen Heiligen: Gnade sei mit euch und Friede von Gott, unserm Vater, und dem Herrn Jesu Christo," und ebendaselbst v 8: „daß man vom Glauben der Römer in aller Welt sagt." Diese Beispiele beweisen klar, daß das Christentum im römischen Volke seinen Ursprung von den Aposteln selbst herleitet.

3. Daß es während der Regierungszeit Trajans unter den römischen Soldaten auch Christen gegeben hat, dafür könnten viele Beispiele angeführt werden, wir beschränken uns darauf, blos des Eustatius Placida zu gedenken, der nach dem Zeugnisse der Biographien der Heiligen in den Kriegen sich so heldenmüthig bewies, daß selbst sein Name den Feinden furchtbar war. Daher ward er zum Anführer der römischen Heere gewählt, als Roms Kaiser Titus (79—81) Judäa

mit Krieg überzog, und diente auch unter Trajan (98-117). Dieser heldenmüthige Römer trug den Christenglauben längere Zeit verborgen in der Seele, endlich aber bekannte er ihn öffentlich und erlitt um seinetwillen unter Hadrian (117—138) nebst seiner Gattin Tatiana und zwei Söhnen den Märtyrertod; ihr Andenken aber feiert unsere orthodoxe Kirche alljährlich am 20. Septemb. Wir halten die Beiziehung mehrerer ähnlicher Beispiele für überflüßig, Alle aber, die an unserer Wahrhaftigkeit zweifeln sollten, verweisen wir auf „das Leben der Heiligen," unter denen ihnen noch mehrere Märtyrer aus den Kriegsreihen der noch heidnischen röm. Kaiser entgegentreten werden.

4. Daß die Krieger Trajans und andere römische, nach Dazien verpflanzte Colonisten nebst ihren Kindern und Enkeln im Christenthum beharrten, bezeugt das Synaxarion des Monatsbuches für September, an dessen fünfzehntem Tage wir über das Leiden des h. großen Märtyrers Nicetas folgendes lesen: Dieser lebte zur Zeit des großen Kaisers Constatin, und ward geboren und erzogen im Lande der Barbaren, welche Gothen hießen, nämlich im Dazien Trajans, welches nach den griechischen Schriftstellern jenseits der Donau liegt, damals von den Gothen behauptet, und Gathien genannt wurde, heutzutage aber Land der Moldau und romanisches Land heißt. Da nun dieser Heilige nicht dem Heidenthum anhängen wollte, sondern wie von glänzender Abkunft und reich, ebenso guter Christ war: so wurde er von Athanarich, dem Beherrscher der Gothen, um des Glaubens an Christum willen gefangen und gemartert und vollendete im Feuer." Ferner erfahren wir aus dem ersten Verse der Litanei „daß der h. Nicetas die Taufe von Theophilus, dem

guten Hirten der Gothen empfangen," und aus dem ersten Verse des Polyleon, „daß Nicetas den Völkern der Gothen mit der Fakel des rechten Glaubens vorgeleuchtet hat." Aus diesen Citaten erhellt: 1. Daß die Gothen im vierten Jahrhundert über Dazien herrschten, wo die Urenkel der Krieger Trajans und seiner Colonisten lebten; 2. daß in diesem Jahrhundert Nicetas Bischof der den Gothen unterworfenen Christen war; 3. daß Theophilus der Bischof der Gothen vor Nicetas war; 4. daß der Bischof Theophilus in der zweiten Hälfte des dritten Jahrhunderts Bischof der Gothen gewesen ist und den Nicetas getauft hat, der dann die gothischen, d. h. in Gothien vorhandenen Völker mit der Fakel des guten Glaubens leitete. — Es liefern uns somit das Synaxarion und die erwähnten Verse den unumstößlichen Beweis, daß zu Ende des dritten und Anfang des vierten Jahrhunderts Theophilus und darauf Nicetas Bischöfe Gothiens, d. h. des von den Gothen eroberten Dazien gewesen sind. Theophilus wird auch unter den auf dem ersten ökumanischen Concil zu Nicäa anwesenden Väter erwähnt.

5. Theoderich der Kirchenhistoriker erwähnt im zweiten Buche, im ersten Capitel, wo er von dem vierten ökumenischen Concil vom Jahre 451 spricht, daß auf diesem Concile Bischöfe aus dem einen und dem andern Dazien gewesen sind. Wir stimmen bezüglich der Worte: „aus dem einen und dem anderen Dazien mit dem Fürsten Demetrius Kantemir überein, der in seiner römisch-moldauisch-walachischen Chronik, 1 Bd. Seite 349—350 also schreibt: Unter dem einen Dazien kann das Land jenseits der Theiß an der Donau hinauf, d. h. das obere Dazien, unter dem anderen aber Mösien verstanden werden, welches später, als Aurelian

die Römer aus Dazien nach Mösien hinüberführte, Dazien hieß.

6. Aus dem bisher Dargelegten geht klar hervor, daß das Christenthum des romanischen Volkes aus den ersten apostolischen Zeiten seinen Ursprung herleitet. Die Stichhaltigkeit unserer Behauptung wird auch durch den Umstand bestätigt, daß weder die alten noch die neuen Kirchenhistoriker in ihren Schriften der Zeit gedacht haben, wann die Romanen Christen geworden, sondern blos von den Zeiten sprechen, in denen andere Völker, außer dem romanischen, die Religion Christi angenommen haben, woraus wir, ohne zu irren, schließen zu dürfen glauben, daß selbst die Geschichtschreiber, alte wie neue, es für überflüßig erachteten, Etwas über die Verbreitung des Christenthums unter den romanischen Völkerschaften zu sagen. Weiß doch jeder Schriftkundige, daß schon zur Zeit der Apostel das Wort Gottes sich unter den Römern ausbreitete, was, wie wir oben sagten, schon aus der Apostelgeschichte ersichtlich ist. Damit haben wir jedoch keinesfalls die Behauptung aufgestellt, daß zur Zeit der Apostel alle Römer oder alle mit Trajan nach Dazien gekommene Soldaten und Colonisten bis auf den letzten Mann Christen gewesen seien; denn dieser Behauptung bedürfen wir auch nicht, sondern blos beweisen, daß viele Römer in der ersten Zeit der Ausbreitung des Wortes Gottes Christen gewesen und daß es sowohl zu Rom, als in den römischen Gebieten nach dem Tode Petri und Pauli ununterbrochen Bischöfe gegeben hat. Ferner daß im Heere und der Ansiedlung Trajans viele Christen waren, ja daß auch hier ihre Zahl fort und fort zunahm. Schreibt doch der Prokonsul Plinius in seinem Berichte an Trajan, „daß nicht nur die Städte, sondern auch

die Flecken und das Land voller Christen seien." Und dies ist für unsern Gegenstand hinreichend; denn wir wissen ja, daß als das Christenthum nach Aethiopien oder nach Iberien, Markomanien, Deutschland, Böhmen, Rußland, Polen, Ungarn Eingang fand, die Religion Christi nicht von allen Aethiopien, Iberiern, Markomanen, Deutschen, Böhmen, Russen, Polen, Ungarn, sondern erst von Einzelnen unter ihnen angenommen und Christus erst später von ganzen Völkern verehrt wurde, trotzdem aber die Uranfänge des Christenthums bei denselben von jenen Wenigen hergeleitet werden. Ebenso verhält es sich mit den römischen Völkerschaften, die in den apostolischen Zeiten auch nicht bis auf den letzten Mann christlich waren. Da aber schon im Zeitalter der Apostel viele Römer die Religion Christi ergriffen und die Zahl derselben sich stets mehrte, — weil wenn unter den Römern nicht viele Christen gewesen wären und ihre Zahl nicht fortwährend zugenommen hätte, gewiß weder die Beschuldigung und Verdächtigung der Christen durch Nero, als hätten sie Roms Brand gestiftet, noch die übrigen Verfolgungen der römischen Kaiser einen Sinn gehabt hätten — so sagen wir, daß das romanische Volk sein Christenthum aus der Zeit der Apostel hat und daß aus diesem Grund die Historiker es für überflüssig hielten, des Uebertritts derselben zu gedenken, wie sie dies bei der Christianisirung anderer Völker thun, sondern blos die wichtigsten, unter dem romanischen Volke vorgefallenen kirchlichen Ereignisse schildern, wie wir bei dem Berichte des Plinius, im Leben des gothischen Bischofs Theophilus und in dem des h. Nizetas sahen, endlich in dem, was später über die Kirche des romanischen Volkes gesagt werden soll, noch sehen werden.

7. Endlich haben wir auch dafür Beweise, daß die Romanen, als Christen, dies schon seit frühen Zeiten gewesen sind und dem Patriarchen von Constantinopel unterstanden haben. Den Beweis hiefür finden wir in dem Briefe des h. Johannes Chrysostomus, Patriarchen von Constantinopel, an die Wittwe Olympias, worin es heißt: „Der Bischof Unila, den ich unlängst geweiht und nach Gothien geschickt habe, ist nach Verrichtung vieler und großer Thaten entschlafen, und ich habe vom Könige die schriftliche Weisung empfangen, ihnen einen andern Bischof zu senden." Daß die romanische Kirche von Anfang an dem Patriarchenstuhle von Constantinopel übergeben war, ist auch aus dem 28. Canon des vierten ökumenischen Concils ersichtlich, wo zum Gesetz erhoben ward: daß die Metropoliten von Pontus, Asien und Thrazien, ja auch die Bischöfe, welche in den von Barbaren bewohnten Ländern der vorhin genannten Reiche leben, vom heiligsten Stuhle der heiligsten Kirche Konstantinopels gerecht werden sollen." Daß hier der Kanon unter den Worten „Barbarenländer" das alte Dazien versteht, lehrt die Erläuterung dieses Kanons im Pidalion, wo es heißt: „diese Barbarenländer befinden und erstrecken sich bis zum schwarzen Meere hin;" es werden somit darunter die Gegenden diesseits der Donau, d. h. Daziens verstanden, welches die Romanen bewohnten.

8. Der Kaiser Justinian erhebt durch ein, an den Bischof von Justinianen den ersten, seinem Geburtsorte, Namens Katellian gerichtetes Schreiben den Bischofssitz dieser Stadt zum Erzbistum, indem er verordnet, „daß der Bischof von Justinianea I., als Bischof seiner Vaterstadt, nicht blos Metropolit, sondern auch Erzbischof sein und die anderen

Provinzen, nämlich: das mittlere Dazien und Dacia ripensis, das andere Mösien, Dardanien, die prävalitanische Provinz, das andere Mazedonien und den andern Theil von Pannonien unter seiner Auktorität haben solle. (Novelle XI.) Hieraus geht hervor, daß auch unsre Bischöfe aus dem heutigen Siebenbürgen ihre Weihe vom Erzbischof von Justinianea I. empfingen. Ob Kaiser Justinian zu einer solchen Verordnung befugt war, ist eine große Frage, deren Lösung wir den Kanonisten überlassen. Wir haben nicht einmal für die Zeit Beweise, bis zu welcher sich diese Auktorität des Erzbischof von Justinianea erhalten hat. So viel wissen wir sicher, daß der siebenbürgische Fürst Gila nach der Annahme der Taufe von Konstantinopel zurückkehrte und den Hieromonachen Hierotheus, den ihm der Patriarch von Konstantinopel Theophilakt empfohlen hatte, mitbrachte, wie wir weiter unten sehen werden. Dieser Umstand berechtigt uns zu der Annahme, daß zur Zeit des ungetauften Fürsten Gila die Hierarchie Siebenbürgens entweder nicht mehr unter dem Erzbischof von Justinianea I. stand oder durch Gila von der Jurisdiktion von Justinianea I. eximirt und geradezu dem Patriarchate von Konstantinopel, von dem von Alters her Siebenbürgen bezüglich der Kirchenangelegenheiten abhing, untergeordnet wurde.

Zweiter Abschnitt.

Ueber die orthodoxe orientalische Kirche in Siebenbürgen.

9. Wenn wir auch wegen des stiefmütterlichen Geschickes, welches auf unsrer orthodoxen Kirche sogar bis auf unsre Tage herunter lastete, für die alte Geschichte der ortho-

doxen morgenländischen Kirche in Siebenbürgen wenige Quellen haben, so gereicht uns doch auch das wenige zum Troste was wir heutzutage anzeigen, und womit wir beweisen können, daß in den ersten Jahrhunderten unsere Kirche in Siebenbürgen ihre Hierarchie gehabt hat. Aus dem im vorangegangenen Paragrafen Gesagten leuchtet das Alterthum der christlichen Kirche bei dem romanischen Volke hervor; hier aber wollen wir Beweise dafür vorführen, daß unsre Kirche im 10. Jahrhundert die einzige christliche Kirche in Siebenbürgen war, daß sie ihre eigene Hierarchie hatte und stets zunahm; daher dürfte wohl kein Zweifel obwalten, daß so wie Bolusudes, also auch Gila, beide ungarische Fürsten Siebenbürgens, die früher Heiden gewesen waren, die christliche Religion von der Hierarchie des romanischen Volkes kennen lernten, und da die Romanen in Siebenbürgen der orientalischen Kirche angehörten und ihre Bischöfe entweder unmittelbar vom Patriarchenstuhle in Konstantinopel oder mittelbar von dessen Exarchen erhielten, beswegen auch die genannten zwei Fürsten Bolusudes und Gila zum Behufe der Taufe nach Konstantinopel gingen. Hier angelangt, empfingen sie die Religion Christi durch den Konstantinopolitanischen Patriarchen Theophilakt, und ihr Pathe bei der heiligen Taufe war der Kaiser Konstantin VIII. (1025-1028), der seine Täuflinge mit reichen Gaben nach Hause entsandte. Der Eine von ihnen, Bolusudes, blieb der christlichen Religion nicht treu, sondern erhob Verfolgungen gegen die Romanen; sein Nachfolger in der Herrschaft, Gila, brachte aus Konstantinopel den Mönchspriester Hierotheus mit, der vom Patriarchen Theophilakt zum Bischof von Siebenbürgen ernannt ward, und so brachte denn Gila durch seine Frömmigkeit und durch die Bemühungen des Hierothens viele Ungarn zum Glauben an Christum*)! Die Freundschaft mit dem griechischen Kaiserhause erhielt er aufrecht; beßhalb übersandte ihm der byzantinische Kaiser Michael Dukas als Angebinde der Freundschaft eine Königskrone mit der Aufschrift: Κράλης Τυρχίας, König der Türken, da zu jener Zeit die Ungarn von anderen Völkern oft „Türken" genannt würden. Ferner beschenkte er ihn mit einem Königsmantel und einem Streitkolben. Diese Krone gelangte dann in den Besitz Stefans, des Königs von Ungarn; es ist daher nicht ganz entschieden, daß König Stefan, wie einige Geschichtschreiber behaupten, diese Krone vom Pabste Silvester II. erhalten habe**).

*) Aus dem Compendium des byzantinischen Historikers G. Zedren.
**) Ueber die Krone Ungarns finden wir in der Geschichte Budai's, im 2. Theile, folgende Bemerkungen: Einige meinen, Fürst Stefan habe aus Verehrung gegen die christliche Religion das ganze Land in bischöfliche Exarchien theilen wollen und deßhalb den schon früher zum Erzbischof von Kalocsa ernannten Astrich zum römischen Pabste, den Einige für Benedikt VII., die Meisten aber für Silvester II. halten, um der Erwirkung dieses Zugeständnisses willen und zugleich um das Land dem römischen Stuhle zu unterwerfen, gesandt, was der Pabst nicht nur gerne angenommen, sondern ihm zugleich mit Ertheilung des Titels eines Königs und Apostels der Ungarn auch eine Krone geschickt habe, mit welcher bis auf den heutigen Tag die Könige von Ungarn gekrönt würden. Dazu habe er ihm noch ein Patriarchenkreuz geschenkt, welches dann auch in das Wappen Ungarns aufgenommen worden sei, und welches bei der Krönung dem Könige noch heutzutage von einem Bischofe vorangetragen werde. Die erwähnte Krone habe Silvester II.

10. Wenngleich, worüber kein Zweifel sein kann, in Siebenbürgen und den südlichen Gegenden Ungarns und zwar von denen diesseits der Theiß angefangen, das bereits zum Christenthum übergetretene und der orientalischen Religion

> wie es scheine, für den Fürsten Mieislav von Polen anfertigen lassen, doch von einem Engel, im Traume aufgefordert, sie nicht Diesem, sondern nebst dem Kreuze dem Stefan gesandt. Dieser Beweis gründet sich auf Kartuzius, welcher auf Befehl des Königs Koloman, Brudern Bela's IV. und des Königs von Galizien das Leben des heiligen Stefanns geschildert hat. (Siehe script. rer. hung. tom. 1. pag. 417.) Es wird diese Auffassung besonders auf die Erwiderung des Pabstes Silvester II. auf den Brief des heiligen Stefanus, basirt, welcher nachgesehen werden kann im Werke des Jesuiten Melchior Innhofer; Annales ecclesiast. regni Hungariæ, tom. 1. pag. 256 etc. Roma 1644 fol. ad. 1059. —
> Auf den Bericht des Cartuzius aber kann kein Gewicht gelegt werden, da er im 13. Jahrhundert, also lange nach Stefanns gelebt hat. Selbst die Art und Weise, die er bei der Schilderung der Sache befolgt, beweist klar, daß ihm viel dichterisches Element innewohnt; erwähnt er doch Engelserscheinungen und dergl. Was aber die Antwort Silvesters II. anbelangt, so kann ein Zweifel an deren Echtheit auch daraus gerade geschöpft werden, daß Cartuzius sich nicht darauf beruft, wie sehr ihm dieses auch wohlgethan hätte. Von dieser Antwort aber war bis im 17. Jahrhundert auch keine Spur vorhanden; da erst trat Innhofer damit an's Licht, nachdem er sie durch einen Minoritenmönch aus Kroatien, Namens Raphael Levakowich erhalten hatte. Welchen Einfluß nun diese Antwort ausgeübt hat, ist auch daraus ersichtlich, daß ehe dieselbe bekannt war, die Ungarn der römischen Curie das Recht des Besitzes Ungarns offen absprachen, seit der Zeit aber das Buch Innhofers bis zur Mitte des vorigen Jahr-

zugethane Romanenvolk wohnte, und viele Ungarn anfangs das Christenthum von der Kirche des Morgenlandes empfingen; wenngleich die Priester der orientalischen Kirche ihrer Wirksamkeit keinen reicheren Erfolg zu verschaffen wußten,

---

hunderts Alle verstummen machte. Da trat gegen Inuhofer ein gelehrter Landsmann (aus Löcse) Gottfried Schwarz auf und begann durch sein erwähntes Werk: Initia religionis christianæ inter Hungaros ecclesiæ orientali adserta, pag. 52 etc. die Schuppen von den Augen der Ungarn hinwegzunehmen. Gegen Schwarz trat Adam Kollar, Aufseher der kaiserlichen Bibliothek in Wien auf, in seiner Schrift: Historia diplomatica juris patronatus apostolicorum Hungariæ regum, liber 1, cap. 9 etc, in der er nachzuweisen suchte, daß die von Innhofer veröffentlichte Bulle Silvester's II. echt sei. Wie aber Herr Dr. Samuel Décsi in seiner Geschichte der ungarischen Krone, Seite 136, sagt, „hat ein gelehrter Cononikus aus Agram, Namens Adam Kertschelik Baltasar, nach Durchlesung des Collar'schen Werkes, diesem freundschaftlich geschrieben und ihm die Verschmitztheit Stefan Levakowich's vollständig nachgewiesen, sogar aus seinen eigenen Briefen, in deren einem (Dr. Décsi, Seite 137—138) Levakowich in italienischer Sprache einem Cardinal, Namens Aldobrandin schreibt, er habe, da die Ungarn der Ansicht seien, der Papst habe gar kein Recht in ihrem Lande, um ihnen bessere Gesinnungen beizubringen, im Namen des Pabstes Silvester einen Brief geschrieben. Siehe außer Dr. Décsi. Kollár de originibus et usu perpetuo potestatis legislatoriæ circa Sacra Apostolicorum Regn., Hung., Vindobonæ 1764, in 8., c. XIV., pag. 160. Nachdem sich nun dieses also verhält, so könnte aus Corinzius und aus der Bulle Silvester's nicht einmal nachgewiesen werden, ob Silvester dem h. Stefanus die Krone geschickt habe, um so weniger noch könnte daraus gefolgert werden, daß unsre heu-

die unter Geysa und Stefan nach Ungarn kommenden Missionare aber Deutsche und Italiener waren; wenngleich endlich die deutschen Kaiser und die römischen Päbste es sich sehr angelegen sein ließen, die Ungarn zur abendländischen

---

tige Krone die von Silvester geschickte sei. Daß Silvester II. dem h. Stefanus eine Krone geschickt hat, bekennen aber nichtsdestoweniger selbst die unsre Ansicht Theilenden, insonderheit Herr Dr. Samuel Décsi und Stefan Veszpremi — siehe den letzteren Seite 31 und 101 — aus dem Grunde (s. Dr. Décsi p. 96), weil dies nicht blos die einheimischen Geschichtschreiber, sondern auch die auswärtigen, und zwar gerade auf Grund der allgemeinen Dekrete unseres Vaterlandes berichten. Es ist wahr, daß blos die Worte Ditmars, welcher zur Zeit des Königs St. Stefanus Bischof von Merseburg war, uns zu dieser Auffassung führten, indem derselbe (annal. l. IV.) sagt: „Imperatoris prædicti — i. e. Ottonis III. gratia et hortatu gener Henorici Ducis Bavarorum Vajk in Regno suo Episcopales cathedras faciens, coronam et benedictionem accepit." Daß aber Ditmar unter Vajk den h. Stefanus, den König von Ungarn verstand, ist daraus ersichtlich, daß dieser Giesela, die Tochter des Königs Heinrich zur Gattin hatte. Hieraus folgt aber nicht, der h. Stefanus habe vom Pabste nebst der Krone auch die Königswürde erhalten, sondern diese gab ihm das ungrische Volk, und auch nur dieses konnte sie ihm geben. Auch war zu den Zeiten Silvesters II. die Pabstmacht noch nicht so ausgedehnt, daß sie an Jemand die Königswürde hätte verleihen können. Diese Macht erwarb den Päbsten erst Gregor VII. oder Pabst Hildebrand gegen Ende (im letzten Viertel) des 11. Jahrhunderts. Ferner ist auch das wahr, daß die ungrischen Fürsten vor Stefan schon wirklich Könige waren. Gibt ihnen doch der h. Stefanus selbst diese Benennung, wenn er in seinen Ermahnungen zu seinem Sohne Emerich sagt (s. Decret. S. Stef.

Kirche hinüberzuziehen, was dann die Feststellung der abendländischen Kirche unter den Ungarn durch abendländische Missionare zur Folge hatte: so blieben unter den Ungarn doch noch manche Remiscenzen an die Kirche des Morgenlandes,

lib. 1. cap. VIII): Mores meos, quos regali vides convenire dignitati, sine vinculo totius ambiguitatis sequere. Grave enim tibi est, hujus climatis tenere regnum, nisi imitator consuetudinis antea regnantium exstiteris Regum." Luitbrand Bischof von Cremona, der während der Regierung des Kaisers Otto III. lebte, nennt sowohl Geysa den Vater des h. Stefanus, als auch Toxus dessen Großvater Könige. Dasselbe thun auch andere Geschichtschreiber, wie Décsi Seite 104 nachweist. So hat Silvester II. nur zu dem Behufe Stefan mit der Krone beschenkt, um ihn dadurch zur Dankbarkeit gegen den röm. Stuhl zu verpflichten und für die Ausbreitung der christli hen Religion eifriger zu machen. Schon von Anfang an pflegte der röm. Stuhl den entweder vom Heidenthum zum Christenthum oder von der griechischen Kirche zur römischen übertretenden Fürsten, selbst wenn sie früher schon gekrönt waren, Krone, Scepter, Fahne, Kreuz und andere ähnliche in die Augen fallende Insignien zu übersenden. (S. Dr. Décsi p. 11). Aehnlicherweise verfuhr beispielsweise Inocenz im Jahr 1024 mit Johann dem Könige der Bulgarei, (obwohl derselbe bereits gekrönt war), weil er sich von dem ostróm. Reiche losgerissen hatte. (S. Ralnald ann. eccles. ad a. 1024). Aehnlich verfuhr derselbe Pabst mit Bulku, König von Serbien, der früher zu Constantinopel gekrönt worden war. (S. Rainald an der angeführten Stelle). So konnte wohl auch Silvester II. mit dem Könige St. Stefan thun. Daß aber trotz alledem unsre heutige Krone nicht die von Silvester II. geschickte ist, wie es Vielen scheinen mag, ist auch an den auf derselben in dieser Reihenfolge befindlichen Buchstaben und Namen ersichtlich;

was die Namen der griechischen Feste, als Charfreitag, große Woche, Taufe des Herrn, dann die Benennung einiger Monate nach den Festen der griechischen Kirche, als: der Morat des heiligen Georg, der des heiligen

---

Ὁ ἀρχάγγελος Γαβριηλ, ὁ Δημήτριος, ὁ Δαμιάνος, Κωνσταντίνος Βασιλεύς Ρωμαίων ὁ πορφιρογένιτος. Μιχαιλ εν Χῶ πίστος, βασιλεύς Ρωμαίων ὁ Δυκας Γεωβιτζ. Δεσπότης πίστος Κράλης Τυρκίας, ὁ Κόσμας Γεώργιος, ὁ ἀρχάγγελος Μιχαήλ.

Auf der Krone können auch die Bilder der hier erwähnten Personen gesehen werden. Gegenüber dem Bilde Christi, das im Vordergrunde der Krone stehen soll, befindet sich das Bild des Michael Dukas, mit dem Unterschiede jedoch, daß Christus auf dem Königsthrone und um eine Stufe höher sitzt als Michael Dukas. Am Fuße des Königsthrones Christi um eine Stufe tiefer, steht links der Erzengel Gabriel, rechts der Erzengel Michael, dann reihen sich rechts das Bild des h. Georgius, links das des h. Demetrius, dieser in der griech. Kirche so hochverehrten Heiligen an, und diese füllen den Vordertheil der Krone aus, wodurch, nach der Ansicht des Herrn Dr. St. Veszpremi in dessen Meditationen über die ungr. Krone, pag. 52, nicht ohne Grund angedeutet werden soll, daß Christus eine über alle andern herrliche Majestät ist, höher als alle Erzengel und Heilige und alle Jene, die zu den Füßen seines Thrones dienen. Am hinteren Theile der Krone, unter Michael Dukas, ist rechts Konstantin Porphyrogenitus, links das Bild des Geobitz, d. h. des Geysa. Neben diesen stehen wieder zwei Märtyrer der griechischen Kirche, rechts Damianus, links Kosmas. Wie wäre demnach glaublich, daß Silvester auf die dem h. Stefanus geschickte Krone die Bilder dieser griechischen Heiligen und nicht vielmehr jene der hh. Petrus und Paulus, welche die röm. Kirche insonderheit ehrt, hätte eingraben, sein eigenes Bild aber, so wie das

Michael, der des heiligen Andreas beweisen. Und es ist kein Wunder, wenn bei dem festen Bündniß, in welchem die griechischen Kaiser mit den ungrischen Fürsten lebten, die orientalische Kirche Freunde und Anhänger unter den Ungarn

  des h. Stefanus wegbleiben lassen, die allein das Andenken an dieses Geschenk hätten bewahren können. Wie ließ er aber und wie konnte er insonderheit das Bild des Michael Dukas, Konstantin Porphyrogenitus und Geobiz's oder Geysa's eingraben lassen, da diese wenigstens 70 Jahre nach dem h. Stefanus und Silvester II. gelebt haben! Michael Dukas war oström. Kaiser und regierte von 1071—1078, Geobitz aber oder Geysa war der Sohn Bela's u. regierte 1074—77, es lebten somit diese beiden Herrscher um dieselbe Zeit. Den Namen Konstantin Porphyrogenitus hatte sowohl der jüngere Bruder des Kaisers Michael Dukas, als auch sein eigener Sohn; dieser wurde sogleich nach der Geburt mit der Reichskrone gekrönt, jener aber noch unter der Regierungszeit seines Vaters, des Kaisers Konstantin Dukas XI., der auch der Vater des Michael Dukas war. Nun kann ohne Kopfbrechen Jeder einsehen, daß diese Krone von dem Kaiser des Orients Michael Dukas kommen mußte; denn von den drei oben erwähnten Personen, deren Namen die Krone trägt, hatte er als Kaiser allein die Macht Anderen eine Krone zu ertheilen, und auf der Krone findet sich auch sein Name, nach dem Christi, höher gestellt. Geschenkt aber hat er sie an Geysa, dessen Bild unten zur Linken sich befindet; denn Konst. Porphyrogenitus, der unten rechts steht, mag er sein Sohn oder sein Bruder sein, bedürfte keiner Krone; waren doch beide mit der Reichskrone gekrönt, und standen somit als Reichserben in einer höhern Würde, als daß sie einer derartigen Krone bedurft hätten, die sowohl was Glanz, als was Kostbarkeit anbelangt, tiefer stand als die Reichskrone. Uebrigens aber was sollte auch der Name Geysas auf einer solchen Krone? Unbestritten

hatte. Siehe: A Keresztény Eklezsiának Historiája, Breznay Pál, Kolozsvárt 1836. pag. 158-159.

11. Der ungarische Herzog Geysa nahm Sarolta, Tochter des siebenbürgischen Fürsten Gyula zur Gemahlin.

---

ist also diese Krone Geysa gegeben worden, was auf der Krone selbst auch durch das Κράλης Τυρκίας, d. i. König der Türken, angegeben wird; denn bekanntlich wurden im Mittelalter die Ungarn oft Türken genannt. Der Grund aber, warum Michael Dukas Geysa die Krone geschenkt haben mag, ist leicht zu finden. Es unterliegt keinem Zweifel, daß Geysa der Freund Dukas, des Kaisers des Ostens, war. Dieses bewies er vor seiner Erhebung zum Könige im Jahre 1073, als, laut der Chronik des Jos. Thuroczi, 2. Abschnitt, Th. 50., unter dem König Salomo zu wiederholten Malen die Bissenen. (Ueberreste der Pazinaten in der Walachei) über die Donau setzten, Sirmien verheerten und viele Tausende von Bewohnern in ewige Knechtschaft schleppten. Mehrmals verlangte König Salomo von Kaiser Michael Dukas Genugthuung, erhielt sie aber nicht; worüber empört er gegen die Bissenen zu Felde zog. Und um sich an dem griechischen Kaiser zu rächen, nahm er zuerst die Belagerung Belgrads in Sirmien, des Bollwerks der Bissenen, in Angriff. Fürst Geysa war Oberbefehlshaber Salomos, und durch seine Thätigkeit ward Belgrad wirklich erobert. Da nun bei dieser Gelegenheit Geysa gegen die nebst ihrem Befehlshaber Nizetas bedrängten Soldaten des Mich. Dukas, indem er sie frei abziehen ließ, schonungsvoll verfuhr, so ist kein Wunder, daß er mit Mich. Dukas in ein freundschaftliches Verhältniß trat. Dieses erwähnt Thurocz klar und deutlich, wenn er davon 1. Th. cap. 51 sagt: Interea Imperator Graecorum, liberalitate Ducis Geizae, misit ad eum nuntios, ad firmandam pacem et amicitiam. Dieser Umstand brachte freilich in Salomo keine gute Stimmung hervor; denn bald nach Anführung des Obigen sagt Thuroczi: „Ad Regem

Diese, als Tochter des zu Konstantinopel Christ gewordenen Gyula, war Christin orientalischer Religion; auch bewirkte sie durch ihre Frömmigkeit bei ihrem Gatten, daß die Ungarn sich der feindlichen Einfälle in Deutschland enthielten. Als

autem Salamonem nequaquam misit Rex Græcorum, unde et Rex Salamon super Geisam Ducem invidiæ facibus magis ac magis exarsit." Nun ist leicht zu begreifen, wie Michael Dukas einem Manne, den er liebte, die erwähnte Krone schicken konnte und warum er ihn πιστος, b. l. treu nannte. — Nun bleibt nur die Frage übrig, wann die Krone Geysa geschickt worden? Ob damals, als er noch Fürst war oder als er bereits den Königsnamen trug? Dr. Sam. Décsi ist der ersteren Ansicht, wenn er Seite 200 sagt: Als Mich. Dukas, der griech. Kaiser, durch seinen Befehlshaber Nizetas von den persönlichen Vorzügen des Fürsten Geysa, von dessen außerordentlicher Tapferkeit und von der gegen sein bedrängtes Heer bewiesenen Schonung Kunde erhielt, schickte er an ihn Gesandte und viele reiche Gaben, dankte ihm für die feste, gegen ihn bewährte Treue und Freundschaft und knüpfte ein Bündniß mit ihm an. Es ist wahrscheinlich, daß unter den übersandten Geschenken auch unsere Krone war, auf welcher sich die Abbildungen des Mich. Dukas, Constantin Porphyrogenitus und Geysas befinden. Die Einwendung aber, die gegen diese Auffassung daraus erwachsen könnte, daß Geysa auf der Krone Κράλης Τουρκίας, also König genannt werde, suchte er von vornherein dadurch zu heben, daß er Seite 187 und 190 nachweist, wie Κράλης Τουρκίας nicht König von Ungarn, sondern Fürst von Siebenbürgen heiße, was Geyja damals wirklich war. Zwar steht fest, daß Scilices Curopalata, ein griech. Schriftsteller des 11. Jahrhunderts, jenen König von Ungarn, mit welchem Nizetas Botoniates, der Stürzer des Mich. Dukas, (zur Befestigung des Bundes zwischen Pazinaten und Cumanen) Freundschaft schloß, nicht Κράλης Τουρκίας, sondern

der deutsche Kaiser Otto I. von den hohen Vorzügen der Fürstin Sarolta hörte, sandte er Bruno, Bischof von Verben, nach Ungarn, um die Thronbesteigung Geysas zu beglückwünschen und dadurch der Einführung des Christen-

Κράλης Ουγγαρίας nennt; doch ist dieser Κράλης Ουγγαρίας aus Scilices Curopalata, wie Herr Dr. Stef. Veszpremi in seinen Meditationen, Seite 45, aus Bonifazius nachweist, Geysa selbst. Hieraus kann zur Bestätigung der Ansicht des Herrn Décsi, gefolgert werden, daß Scilices Curopalata Geysa darum Κράλης Ουγγαρίας genannt habe, weil derselbe, als er mit Ricephor Botoniates das Freundschaftsbündniß schloß, in der That König, doch als ihm von Mich. Dukas die Krone geschickt wurde, noch Fürst von Siebenbürgen war, und es ist möglich, daß es auch deswegen auf der Krone Κράλης Τουρκίας heißt. Hierüber darf man sich um so weniger wundern, wenn es wahr ist, was Dr. Sam. Décsi in der Note zu dem „Meursius glossarium graecobarbarum" betitelten Buche, Seite 187 sagt: es sei nämlich Κράλης ein bulgarisches Wort und bedeute nicht König, sondern etwa Königlein, mit geringerer Macht, b. h. einen Fürsten, der unter dem Schutze eines anderen Fürsten steht, und so stimmt dann diese Benennung mit der dem Fürsten von Siebenbürgen zukömmlichen zusammen. Daß eher Siebenbürgen als Ungarn Türkei genannt wurde, ist ferner glaublich aus jenen Worten Const. Porphyrogenitus, welche in Administrat imp. c. 40 stehen: *Πρώτον μεν έστιν ή της βασιλέως Τραιάνου γέφυρα, κατά την της Τουρκίας" α ρχην*. Primum quidem est pons Imperatoris Trajani, ad initium Turciae. Daß er aber hier unter *Τουρκίας* nicht Ungarn verstehl, geht daraus hervor, daß er unmittelbar darauf Belgrad und Sirmien erwähnt und sagt: *Από των έκεισε ή μεγάλη Μοραβία*, i. e. ab illis locis incipit magna Moravia, worunter nichts Anderes begriffen werden kann, als Ungarn, also genannt zum Unter-

thums unter die Ungarn Bahn zu brechen. Als aber etwas später Adalbert, Bischof von Prag, zu Geyſa kam, taufte er ſowohl dieſen ſelbſt, als ſeinen Sohn Salamo, dem er in der heiligen Taufe den Namen Stefan gab und der dann, nachdem er König geworden und eben ſo fromm, als wohlthätig gegen ſein Volk und die abendländiſche Kirche war, unter die Heiligen gezählt worden, und, indem er vom Pabſte den Tittel eines „apoſtoliſchen Königs" erhielt, der erſte König

---

terſchiede von dem daran grenzenden Mähren, und deswegen, weil der größere Theil Ungarn's, wie auch Conſtantin Prophyrogenitus erwähnt, von Swatoplut, dem Könige von Mähren, behauptet wurde. Alles dies beweiſt, daß Geyſa die Krone nicht als König, ſondern als Herzog und Fürſt von Siebenbürgen erhielt. Doch ſelbſt wenn wir dies nicht entſcheiden könnten, ſo iſt doch damit genug, daß er und kein anderer es war, dem die Krone gegeben wurde. Dafür ſpricht, außer den angeführten Gründen, mit Klarheit auch der Umſtand, daß in einem Diplome Karls I (Königs von Ungarn Anfangs des 14. Jahrhunderts) dieſe Krone ausdrücklich die Krone Geyſa's genannt wird, wenn es heißt: Quia corona Geisæ Regis Stephani Progenitoris nostri, quæ de more gentis Hungariæ, Reges Hungariæ solent coronari, per infideles illicitos detentores rapta detinebatur: nova corona specialiter pro Nobis fabricata exstitimus coronati. S. Ignatii com. de Batty. leg. eccl. Regui Hung. tom. 1. p. 464 etc. bei Décsi St. 204 in der Note. In's Diplom hat ſich widerſinnig das Wort Stephani nach dem Namen des Königs Geyſa eingeſchlichen. Aus dem ſich ſelbſt widerlegenden Diplom geht als Wahrheit hervor, daß die heutige Krone von Ungarn nicht St. Stefan und nicht vom Pabſte, ſondern Geyſa vom konſtantinopol. Kaiſer Michael Dukas iſt geſchickt worden.

von Ungarn gewesen ist. Er vernichtete die Unabhängigkeit
Siebenbürgens, welches bis zum Jahre 1002 seinen eigenen
Herrn hatte, indem er den jüngeren Giula, seinen Schwager,
da Sárolla, die Mutter Stefans, eine rechte Schwester des
jüngeren Giula war*), seines Herrscherstuhles beraubte. Möglich, daß Stefan den Herrn von Siebenbürgen vom Throne
stieß, um auch unter den Siebenbürger Ungarn das Christenthum nach abendländischer Form auszubreiten.

12. Die Ausbreitung der christlichen Kirche des
Abendlandes in Ungarn und Siebenbürgen ist seitens der
Hierarchie der morgenländischen Kirche nicht als Beeinträchtigung
betrachtet worden; denn es liegen keine Beweise vor, daß die
morgenländische Hierarchie gegen die Thätigkeit der deutschen
und italienischen Missionare irgendwie feindlich aufgetreten
wäre. Dagegen müssen wir gestehen, daß die Ausbreitung
und Befestigung der abendländischen Hierarchie in Ungarn
und Siebenbürgen nicht nur für unsre Orthodoxie, sondern
auch für unsern christlichen Clerus und unser christliches Volk
drückend gewesen ist; denn 1. finden wir unter Anderem,
wie Pabst Gregor IX. an Bela, König von Ungarn, um
das J. 1234 schreibt: es gebe in der Eparchie der Cumanen einige Völkerschaften, die Romanen hießen, und wenn
auch für Christen gehalten würden, doch Manches thäten,
was diesem Namen widerstreite. Denn sie schätzten die römische Kirche gering und nähmen die Sakramente nicht
vom lateinischen Bischofe der Cumanen, sondern von falschen

---

*) S. 62. §. aus Közönséges Historia von Budai Esaias,
2. Th. und pag. 45 aus Magyar Ország' története irta
Szalay László, Lipcse 1852.

Bischöfen der Griechen, und Manche aus dem Königreich Ungarn, Magyaren, Deutsche und andere Rechtgläubige, die zwischen ihnen wohneten, gingen zu ihnen über und empfingen so, indem sie gleichsam ein Volk mit den Romanen würden, die Sakramente zum großen Anstoße der Gläubigen und mit Verletzung des christlichen Glaubens. Damit nun aus der Verschiedenheit der Religion kein Schaden an den Seelen erwachse und damit Wir, fährt der Pabst fort, den Gefahren vorbeugen, daß die Romanen wegen Mangels an den Sakramenten veranlaßt werden, zu schismatischen Bischöfen ihre Zuflucht zu nehmen: so gebieten wir diesem Unserem Bischofe schriftlich, sich einen Vikar zu nehmen...; und nachdem Du als katholischer Fürst eidlich gelobt hast, alle auf Deinen Grund und Boden nicht der römischen Kirche Angehörige zum Gehorsam zu führen, und nachdem Du dich mündlich dahin ausgesprochen hast, die gedachten Romanen zur Annahme jenes Bischofs verhalten zu wollen, den ihnen die Kirche geben werde: so gebieten wir Dir unter Vergebung der Sünden, in Deinem Lande keinen derartigen Schismatiker zu dulden... II. Die ungrische Gesetzgebung fing schon in alten Zeiten an, uns mit dem Spottnamen von „Schismatikern" zu belegen, obschon Dies ein Gegenstand ist, der mehr in das Gebiet einer theologischen Polemik, als in das einer politischen Gesetzgebung gehört. III. Unser Clerus und Volk mußte von den Erträgnissen seines Bodens den katholischen Bischöfen und Priestern den Zehnten geben, was um so drückender war, da unsre Kirche ihren Christen nie eine derartige Last auferlegt hat, somit die Unsrigen ihren eigenen Bischöfen keinen Zehnten gaben. Die Ausdehnung der Zehntpflichtigkeit auf unsre Gläubigen ift auch aus dem der fächfifchen Nation bei deren Anfiedlung in Siebenbürgen im Jahre 1224 ausgeftellten Freibrief erfichtlich. Aus einem Dekrete des Königs Sigismund aus dem Jahre 1437 (f. Pray dissert. 7. in Annales vet. Ung.) geht fchlagend hervor, daß der katholifche Bifchof Georg Lepes die Unferen in den Bann that, weil fie den Zehnten nicht leiften wollten. Diefe Bedrückung gab zu vielen Klagen Anlaß; deshalb enthebt in Folge der Befchwerde unferes Erzbifchofs in Siebenbürgen, Joannicius, König Mathias durch Art. 1. 1479 unfre Geiftlichen jeder Taxe und jedes Zehnten durch folgendes Dekret:

Nos Mathias, Dei gratia Rex Hungariae, Bohemiae, etc. Memoriae commendamus tenore praesentium significantes quibus expedit universis: Quod Nos, tum ad humillimae supplicationis instantiam fidelis Nostri Reverendi Joannicii Metropolitani Nandor albensis nostrae propterea porrectae Maiestati, tum vero ex gratia speciali, universos et singulos Valachos Presbyteros fidem Graecam tenentes, in comitatu Maramorosiensi existentes, praesentes, et futuros de solutione quarumcunque taxarum tam ordinariarum quam extraordinariarum, per ipsos, in medium Regnicolarum nostrorum solvi, Maiestatique Nostrae, ab eisdem provenire debentium, perpetuis futuris semper temporibus gratiose duximus eximendos et supportandos Imo eximimus, et supportamus praesentium per vigorem. Quo circa vobis fidelibus nostris universis, et singulis dicatoribus, et Exactoribus quarumcunque taxarum nostrarum, tam ordinariarum, quam extraordinariarum. Item,

Comitibus camerarum salium nostrorum Regalium in praedicto comitatu Maromarusiensi pro tempore constitutis, eorumque vices gerentibus harum serie firmiter praecipientes mandamus, quatenus modo deinceps praefatos Valachos Praesbyteros, ut praefertur Graecam fidem tenentes, praefatoque Metropolitano subjectos, ad solutionem quarumcunque taxarum ordinariarum scilicet, et extraordinariarum, in medium Regnicolarum nostrorum solvi debentium, contra formam praemissae nostrae exemtionis arctare, et compellere, ipsosque ratione non solutionis earundem, in personis rebusque, et bonis ipsorum quibusvis impedire, turbare, seu quovis modo damnificare nusquam, et nequaquam praesumatis, neque sitis ausi, modo aliquali, gratiae nostrae sub obtentu. Praesentibus perlectis, exhibenti restitutis. Datum Budac Sabbato proximo ante Dominicam Laetare, Anno Domini millesimo quadringentesimo septuagesimo nono. Regnorum Nostrorum Hungariæ etc. anno vicesimo secundo, Bohemiae vero undecimo.

13. Es wäre wohl überflüßig nachzuweisen, daß die romanische Nation in und außerhalb Siebenbürgens ihrer urväterlichen, orthodox morgenländischen Religion unerschütterlich treu geblieben ist; denn wäre dies nicht der Fall, so fände sich in den Geschichtsbüchern der verschiedenen Historiker gewiß Etwas, was unserer Ueberzeugung widerspräche. So wie diese unsre Aussage wahr ist, so ist auch das eine Thatsache, daß die abendländische Hierarchie, sobald sie merkte, daß sie sich die ungrischen Könige zu diesem Zwecke dienstbar machen konnte, ihr Augenmerk auf die Tilgung der mor-

genländischen Orthodoxie im romanischen Volke gerichtet hat, dies ist auch daraus ersichtlich, daß, wenngleich der katholische Clerus früher von den Unsrigen gerne den Zehnten nahm, ja dieselben, wie wir im vorausgegangenen §-en sahen, wenn sie denselben nicht entrichteten, in den Bann that, — zur Zeit des Königs Mathias Corvinus tiefer Haß gegen die orthodox morgenländischen Christen herrschte. Verordnete dieser König doch im 5. Gesetze aus dem Jahre 1481, Art. 3 und 4, daß von den Schismatikern kein Zehnter genommen werden dürfe! Ebenso befiehlt König Wladislav II. durch Dekret II. 1495, Art. 45, von Neuem, daß von Serben, Russen, Romanen und andern Schismatikern, welche auf dem Gebiete der Christen wohnen, von nun an kein Zehnter genommen werde. Die Worte: „welche auf dem Gebiete der Christen wohnen" überzeugen uns, daß der Haß der Abendländer gegen die morgenländische Orthodoxie überdiemassen groß war: wollen doch die Worte in dem angeführten Gesetze darauf hinweisen, daß blos die Abendländer, nicht aber auch die Morgenländer Christen seien!

14. Da nun unsre Gläubigen sich so vielen Bedrückungen ausgesetzt sahen und wohl wußten, daß dieselben ungerecht waren, suchten sie nicht selten jene Lasten, die sie doch zu Gunsten fremder Geistlichen tragen mußten, von sich abzuschütteln. So wollten die Romanen von Siboth bei Broos die Bedrückungen durch den abendländischen Pfarrer nicht ertragen, weshalb der abendländische Bischof Franz von Varda im Jahre 1515 die Unsrigen bei dem Hermannstädter Magistrate verklagt und von diesem die Sicherstellung der Einkünfte seines Pfarrers verlangt, damit nicht die Pfarre, zur Beeinträchtigung des katholischen Glaubens, von den Schis-

matischen Romanen zu Grunde gerichtet werde*). Wir vernehmen ferner, wie in Marmaros im Sprengel von Munkács Balitza Voda und Drag Mester, reiche Grundherrn und zugleich fromme Christen und treue Anhänger ihrer Religion, im Jahre 1391 ein dem h. Michael geweihtes Kloster gründeten und mit sieben Dörfern ausstatteten, sodann nach Konstantinopel gingen und den Patriarchen Antonius II. baten, das von ihnen gestiftete Kloster unter seinen Schutz zu nehmen, d. h. es zum Stavropygion, also für selbstständig, und von der Oberaufsicht des Ortsbischofs für unabhängig zu erklären. Der Patriarch genehmigte die Bitte, indem er einen Hieromonachus Pachomius zum Igumen des Klosters machte und verordnete, daß in Zukunft die Versammlung der Mönche des Klosters das Recht haben solle, sich den Igumen zu wählen. Da nun das Kloster für nöthig erachtete, zur Befestigung seines Bestandes sich die Genehmigung der Regierung einzuholen, so bat der Igumen Ilarius, der Nachfolger des Pachomius, den König Wladislav, die vom Patriarchen von Konstantinopel gewonnenen Rechte seines Klosters gnädigst zu bestätigen: — was durch folgendes Diplom auch wirklich geschah:

Nos Vladislaus, Dei gratia, Rex Hungariae, et Bohemiae etc. Memoriae commendamus tenore praesentium significantes, quibus expedit, universis. Quod venerabilis, et Religiosus frater Hilarius Prior Clau-

---

*) Des Bischofs Bitte an die Hermannstädter, den Pfarrer von Sibot (Alkenyér) gegen die dortigen Walachen zu schirmen Prudentes etc. etc. Siehe p. 145 aus: Das Zehntrecht von G. D. Teutsch. Schäßburg 1858.

stri, sive Monasterii Ecclesiae Beati Michaelis Archangeli in Maromaros fundati, Graecae fidei Professor, nostrae Maiestatis accedens in praesentiam, exhibuit, et praesentavit nobis quasdam Litteras privilegiales Reverendissimi Patris quondam Antonii civitatis Constantinopolitanae, Novae Romae, ac totius orbis Patriarchae in pergameno graecis litteris exaratas, sigilloque suo plumbeo impendenti consignatas. Et cum hoc, etiam earundem Litterarum exemplum verbotenus in latinum traductum, de et super nonullis Indultis, Juribusque et libertatibus eidem Ecclesiae Sancti Michaelis, per eundem concessis, inferius in tenore ejusdem exempli denotatis, et specificatis. Supplicans Maiestati nostrae, ut Litteras hujusmodi Patriarchales, ac omnia in eisdem contenta, rata, grata, et accepta habere, ac pro eodem fratre Hilario suisque successoribus universis, Ecclesiaeque praenotatae innovantes perpetuo valituras gratiose dignaremur confirmare. Quarum quidem Litterarum, et earundem exempli Tenor sequitur in haec verba.

„Antonius Dei gratia civitatis Constantinopolitanae, Novae Romae, ac totius Orbis Patriarcha. Bene, beateque progeniti, et in Deo honorati, bonique Christiani humilitati nostrae, secundum confirmationem sancti Spiritus, dilecti filii, et generosi Vajvoda Balicza, et Drag Mester, qui habent Ecclesiam, sive monasterium perpetuum in Maromaros in nomine Sancti Michaelis Archangeli fundatum, qui venerunt ad nos, et humilitati nostrae, infelici et urgente Imperii Constantinopolitani statu supplicarunt, ac in beatitudine, obedientia, quam habuerunt pro consuetudine christianae Religionis praestiterunt, humilitatique omne ac Ecclesiae . . . haereditatem de propriis bonis, et bene acquisitis Ecclesiam videlicet in nomine Sancti Michaelis Archangeli fundatam donarunt, ac obtulerunt, ita quod ad Ecclesiam humilitatis nostrae respectum habeat. eidemque obediat. Nos autem videntes justum eorum desiderium, ac integram fidem considerantes, donationem gratam ejusmodi accepimus voluntatique eorum condescendimus, ac Drag Mester, velut humilitatis nostrae filium nostra autoritate, qua fungimur, benediximus patriarchali, itaque quem Deys eliget in dicto monasterio Priorem, quod talis etiam habeat nostram benedictionem, qua valeat omnes Ecclesias, quae sunt in pertinentiis praedicti Monasterii, consecrare. Ad haec, siquis nostrorum subditorum Archiepiscopus, aut Episcopus in dicto monasterio, aut pertinentiis ejusdem inveniretur, quod ciusmodi dicto Priori esset in adjutorium, velut hae humilitatis nostrae Litterae ostendunt, sigillo nostrae Ecclesiae munitae. Quia nos Ecclesiam istam, ex sincero corde, ac cum magno honore, in nostram protectionem suscepimus, ac pro salute Christianitatis, et concedimus ciusmodi Priori, ac donamus autoritatem super omnes proventus dicti monasterii, ac pertinentiarum, quae hic infra inseruntur, velut: Zilágyság. Megyesálya, Ugotsa, Berzava, Chicho, Bolvanus Almazigy, et in omnibus his nominatis Pachomius Prior et Abbas plenariam autoritatem habeat, ac respectum ad omnes sacerdotes, et ad alios omnes homines, in dicto Monasterio, ac eiusdem pertinentiis existentibus.

ita ut eos, ad bona opera indicet, et erudiat animae, et corporis, et habeat judicare omnes causas, ad sedem Ecclesiasticam spectantes, in dicto Monasterio, et pertinentiis eiusdem. Et quod omnes Ecclesias, in pertinentiis dicti Monasterii, ac omnes earundem, et dicti Monasterii proventus, ac sacerdotes sub potestate sua habeat, et manibus. Et quod in omnibus divinis officiis, pro sua Patriarcha faciat commemorationem. Quamobrem vobis has litteras nostras dedi, et quod si Priori mori (ut omnes mortales sumus) contigerit, omnes fratres spirituales tunc, et Balicza ac Dragmester cum omnibus hominibus, parvis et magnis, in dictis pertinentiis residentibus, ac congregatis aperte ut ita congregati Priorem eligant nostra autoritate et benedictione. Qui ita electus omnimodam potestatem super omnes proventus Abbatiae praedictae eodem pacto, sicut et Praedecessor suus a Nobis ad honorem sancti Michaelis Archangeli habeat, concessimus. Et pro maiori fide, et veritate ac confirmatione loci sancti has litteras nostras dedimus. Et haec scripta sunt XIII die mensis Augusti anno, in quo scribebatur millenarii VI et C. C. C. C. C. C. C. C. ac LXXXX nono."

Nos igitur huiusmodi supplicatione memorati fratris Hilarii exaudita, et clementer admissa, praescriptas litteras dicti Patriarchae, non abrasas, non cancellatas, nec in aliqua sui parte vitiatas conspeximus, praesentibuspue litteris nostris similiter privilegialibus, earundem exemplum de verbo ad verbum inseri et inscribi facientes, eas, et omnia in eis contenta, eatenus, quatenus, eaedem ritae, et ligitimae existunt emanatae, viribusque earum veritas suffragatur, acceptamus, aprobamus, et ratificamus, et pro eodem claustro Sancti Michaelis Archangeli, et consequenter pro fratre Hilario suisque successoribus universis innovantes perpetuo valituras confirmamus. Ita tamen, quod ipse frater Hilarius Prior, et sui successores Episcopo de Munkats sui ordinis reverentiam, Archiepiscopoque vero de Transilvania, modernis et futuris, velut superioribus suis debitam subjectionem, et obedientiam praestare debeant, et teneantur. Harum nostrarum, quibus secretum sigillum nostrum, quo ut Rex Hungariae utimur, est appensum, vigore, et testimonio literarum mediante. Datum Cassoviae, per manus Reverendi in Christo Patris Domini Thomae Episcopi Ecclesiae Jaurinensis, et Postulati Agriensis, Aulae nostrae summi et Secretarii Cancellarii, ac fidelis nostri dilecti quarta decima die mensis Maii, anno Domini millesimo quadringentesimo nonagesimo quarto. Regnorum nostrorum Hungariae etc. anno quarto, Bohemiae vero vigesimo quarto.

15. Der damalige Bischof von Munkács aber, Namens Johannes, fing bald an die Rechte des gedachten Klosters zu beeinträchtigen und dessen Einkünfte an sich zu ziehen; daher war der Igumen Marius genöthigt, abermals zum Könige seine Zuflucht zu nehmen und dessen Schutz anzuflehen. So erließ dann König Wladislaw in Folge Anliegens des gedachten Igumen folgenden Befehl:

Vladislaus, Dei gratia, Rex Hungariae, Bohemiae etc. Fidelibus nostris Comiti, vel Vice-Comiti et

Judicibus nobilium Comitatus Maromarusiensis, praesentibus et futuris, salutem et gratiam. Exponitur Majestati nostrae in persona religiosi fratris Hilarii, Graecae fidei professionis, Prioris Monasterii Beati Michaelis Archangeli in Maromarusio fundati. Quod licet nos certas litteras Reverendissimi in Christo Patris Fratris Antonii Patriarchae Constantinopolitani, super certis indultis, et libertatibus ac juribus praefati Monosterii, per eundem Patriarcham concessis, ad supplicationem eiusdem exponentis confirmaverimus. Tamen Venerabilis Frater Joannes Episcopus de Munkats Graecae fidei Professor, in aestate proxime praeterita, contra huiusmodi indulta praefati Patriarchae, omnes Populos, in pertinentiis dicti Monasterii commorantes, vigore quarundam litterarum nostrarum, ad sinistram expositionem eiusdem, de Maiestate nostra ut dicitur, impetratarum vellet, et niteretur taxare, et ad illegitimam receptionem proventuum dicti Monasterii inhiare, et licet Nos utrasque partes, ad praesentiam Maiestatis Nostrae vocari fecerimus, ut inter ipsos, super ipso negotio judicium faceremus. Tamen quia Praefatus Episcopus de Munkats, pro tempore deputato coram Nobis non comparuit. Ideo Nos, ipsum exponentem in juribus suis infra revisionem huiusmodi differentiarum turbari nolentes, mandamus fidelitatibus, vestris serie praesentium firmiter, ut acceptis praesentibus praefatum Exponentem, contra jura, et privilegia dicti Monasterii, ad solutionem illegitimam alliquorum redituum praefato Episcopo de Munkacs arctari non permittatis, sed ipsum interea quousque scilicet per Nos, causa, et differentia praetacta revidebitur, Maiestatis nostrae in persona et authoritate, praesentibus, vobis in hac parte concessa, et justitia mediante, protegere, tueri, et defendere debeatis, secus non facturi. Praesentibus perlectis Exhibenti restitutis. Datum Budae in vigilia festi beati Andreae Apostoli. Anno Domini millessimo quadringentesimo nonagesimo octavo. Regnorum nostrorum Hungariae etc. anno nono. Bohemiae vero vigesimo nono. — Venerabilis Georgii — Secretarii Regiae etc.

16. Aus dem bisher Angeführten ist ersichtlich, daß wir in Siebenbürgen und namentlich in Alba Julia einen Metropoliten hatten, dessen Namen Joannichius war und der das Erzbisthum im J. 1479 verwaltete, so wie, daß zu diesem Erzbisthum die Bischöfe von Cumanien und Munkatsch gehörten; über die andern Bisthümer, welche zum Erzbisthum von Siebenbürgen gehörten, werden wir weiter unten sprechen; denn nun ist's an der Reihe, über die Folgen jener, unter den Königen Mathias Corvinus und Ladislaus erschienenen Artikel zu handeln, durch welche die Zehentabnahme von den Unseren verboten wird. Die eben erwähnten Artikel behielten ihre Kraft wegen der sogleich nach dem Tobe des Königs Wladislav, unter dessen Sohn Ludwig, der von 1516 bis 26 regierte, erfolgten politischen Ereignisse nicht lange. Die Hoffahrt und Eitelkeit dieses Königs, so wie die Hab- und Herrschsucht einiger Großen, unter welche auch Stefan Zapolya und nach ihm sein Sohn Johann Zapolya zu zählen sind, verursachten Unruhen und einen Bauernaufstand, der nur durch grausame Härte im Jahre 1514 gedämpft werden

konnte. Eine traurige Folge der inneren Wirren war auch die Schlacht bei Mohatsch im J. 1526, wo König Ludwig in einem Sumpfe ertrank, während die Türken Ungarn auf 160 Jahre hin zur türkischen Provinz machten. Um den, von den Türken nicht besetzten Landestheil aber stritten sich der Emporkömmling Johann Zapolya und König Ferdinand von Oesterreich, der auf Ludwig II. folgte; das Land unterstützte den Ferdinand, und Zapolya mußte sich mit Siebenbürgen und einigen Comitaten in Oberungarn begnügen; und so blieb Ungarn unter Ferdinand und dem habsburgischen Herrscherhause, Siebenbürgen aber kam als selbstständiges Fürstenthum unter die ungrischen Fürsten.

17. Kaum waren diese und ähnliche politische Unglücksfälle vorüber, als das Schicksal die kirchlichen Angelegenheiten auch in diese Wirren verstrickte. Dahin kann die Ausbreitung der neuen, von Deutschland und der Schweiz ausgegangenen Kirchenlehre gezählt werden, die auch nach Siebenbürgen kam, und so geschah es, daß Lutheranismus, Calvinismus und Unitarismus alle in dem kleinen Siebenbürgen, doch nur unter den Katholiken und deren Priestern, nicht aber auch unter den Unsern Anhänger fanden. Der Minister der Königin Isabella, Petrus Petrovich, nahm zuerst den Lutheranismus, dann den Calvinismus und endlich (1551) den Unitarismus an, während der junge Fürst Johann Sigismund in dieser Lehre großwuchs und endlich ihr eifriger Beschützer wurde. So verbreitete sich der Calvinismus mehr unter den Ungarn, der Lutheranismus mehr unter den Deutschen. Die Romanen blieben bei ihrer väterlichen Religion. Im Jahre 1557 ward der katholische Bischof Paul Bornemissa, als Parteigänger Ferdinands, von Petrovich ge-

schlagen und nach Ungarn vertrieben, die bischöflichen Güter wurden konfiszirt und das katholische Bisthum ward aufgehoben. Metropolit griechischer Religion war dazumal Stefan I. Gerade aus diesem Jahre besitzen wir ein Diplom der Königin Isabella, durch welches Christoforus zum Bischof im Kloster Felbiod ernannt wird. Das Dekret lautet:

Nos Isabella Dei gratia Regina Hungariæ, Dalmatiae, Croatiae &c. Memoriae commandamus tenore praesentium significantes quibus expedit universis, quod nos cum ad supplicationem nonnulorum fidelium per eos pro parte Reverendi, ac Religiosi viri Christophori Maiestati nostrae factum, tum vero inducta meritis, virtutibusque, ac graecarum litterarum scientiae sufficienti peritia, quibus ipsum praeditum, insignitumque esse, intelleximus, horum igitur intuitu Episcopatum Claustri Fel-Diod cum omnibus eius Episcopatus pertinentiis, ac proventibus, et emolumentis quibuslibet ad eundem Episcopatum ab antiquo provenire solitis, eidem Christophoro duximus dandum, et concedendum, ita tamen, ut ipse fidem graecam ex illo Claustro illis, quibus interest profiteri, et erudire, perversos vero, ac malis moribus imbutos castigare, et punire possit, imo damus, concedimus praesentium per vigorem. Quo circa vobis universis Kalugerorum Presbyteris, ac alterius cuinsvis status et conditionis hominibus graecam ut praemissum est, fidem profitentibus, harum serie mandamus firmiter, quatenus annotatum Christophorum a modo pro Episcopo Claustri Fel-Diod recognoscere, ipsique obedire, et obtemperare proventusque suos ab antiquo solitos, qualescunque sint, eidem, vel Homini suo praesentium ostensori sine ulla renitentia administrare et administrari facere modis omnibus debeatis, et teneamini, secus igitur nullo modo factori, praesentibus perlectis exhibenti restitutis. Datum Albae Juliae feria quinta proxima post Dominicam Jubilati, anno Domini 1557. Isabella Regina m. p.

18. Johann Zapolya starb, nachdem er über Siebenbürgen unter verschiedenen politischen und konfessionellen Drangsalen 11 Jahre geherrscht, am 14. März 1571; ihm folgte Stefan Bathori, welcher verordnete, daß die Anhänger der romanischen oder griechischen Sekte nur zeitweilig, solange es den Fürsten und Reichsbewohnern genehm sein würde, geduldet werden sollten*). Die Unduldsamkeit der siebenbürgischen Regierung unter den Nationalfürsten geht auch aus den Gesetzen hervor, von denen tit. VIII, Art. I. der approb. constit. regni Transilv. pars I. lautet: Wenngleich weder die romanische Nation im Vaterlande unter die Stände, noch deren Religion unter die rezipirten gezählt worden ist, so sollen doch, zum Nutzen des Reiches — regni emolumentum, — solange sie geduldet werden, die romanischen Kirchenobrigkeiten sich an Dieses halten: 1. Sie sollen vom Fürsten den zum Bischof verlangen, den bie. romanischen Geistlichen nach ihrem Wunsch für fähig halten, und die Fürsten sollen dem, welchen sie tüchtig erfunden haben, unter

---

*) Az oláh vagy görögök sectáján lévők pro tempore szenvedtetnek, usque beneplacitum Principum et Regnicolarum. Appr. Const. Regni Transsilv. Pars 1, Tit. 1, Art. III.

ben, auf die Treue gegen die Herrscher, auf die Wohlfahrt des Landes und andere heilsame Einrichtungen sich beziehenden Bedingungen die Bethätigung geben. 2. Die Bischöfe, Erzpriester und Priester der Romanen sollen sich bei Gelegenheit der Visitationen in die Angelegenheiten der politischen Beamten nicht einmischen, sollen die Armen nicht bedrücken, äußere Angelegenheiten nicht vor sich zu bringen suchen, Exekutionen und dergleichen nicht vollziehen, sondern blos ihre Geistlichen und Kirchendiener, die Kirchen, Kirchhöfe und Begräbnißplätze, sowie auch die Anliegen Jener, welche heirathen oder sich trennen wollen, die Dienste und Anforderungen der Kirche und dergleichen untersuchen, doch sind sie gehalten, auch in dieser Beziehung den Landesgesetzen zu folgen und sich in keine weltlichen oder Geldstrafen einzulassen.

19. Der zweite Artikel der oben erwähnten Stelle verordnet, daß die romanischen, aus fremden Ländern kommenden Geistlichen sich dem Ortserzpriester vorstellen sollen, worauf dann entweder dieser selbst oder der Bischof verpflichtet ist, dieselben zur Vernehmung an die Comitats- oder Stuhlsbeamten oder die nächste Stadtbehörde zu weisen, welche dann nach Umständen dem Fürsten über dieselben Bericht erstatten werden.

Der dritte Artikel derselben Stelle setzt fest: daß, damit die Grundherren um so weniger in ihren Einkünften beeinträchtigt werden können, die romanischen Geistlichen verpflichtet sein sollen, ihnen alljährlich ein ihrem Stande und Vermögen angemessenes Honorar zu geben; sollte aber der Grundherr mit ungebührlichen Ansprüchen auftreten, dann solle der Comitat ersucht werden, nach bestem Gewissen zu entscheiden. Die verheiratheten Söhne der romanischen Geistlichen aber, wenn sie nicht selbst Geistliche sind, können die Grundherren gleich ihren andern Unterthanen requiriren; sind sie aber unverheirathet und bei ihren Eltern, dann können sie sie fangen und unter Bürgschaft stellen; wenn sie nicht bei ihren Eltern sind, dann können sie sie in jedem beliebigen vorgeschrittenen Alter reklamiren.

Der vierte Artikel ebendaselbst gebietet: wenn ein rom. Priester eine Ehe Andersgläubiger trennen oder Einen, der fremder Religion ist oder Einen, der bekanntermaßen zwei Frauen hat oder eine Entführte und nicht ordnungsgemäß Verlobte heirathet, oder endlich solche, denen durch die Landesgesetze die Ehe verboten ist, trauen sollte, dann soll, wenn der Erzpriester einen derartigen Priester nicht bestraft, die politische Behörde den Erzpriester abmoniren, und dieser soll, wenn er binnen 5 Tagen den Priester nicht bestraft, seiner Würde entkleidet werden, den Priester aber kann dieselben mit einer Strafe bis zu 200 fl. belegen. Die politischen Behörden, dann der rom. Bischof, sollen den schuldigen Priester, wenn er es verdient hat, des Priesteramtes entsetzen.

20. Aus Art. 1 des IX. Tit. der approb. constit. Transs. 1. Theil ist ersichtlich, wie einige Grundherrn unsere bedrängten Christen an der Feier unserer Feste verhinderten, weshalb gedachter Artikel zum Gesetze macht: Wenngleich die romanische Nation der öffentlichen Wohlfahrt wegen im Vaterlande geduldet wird, so haben sie doch, uneingedenk ihrer niedrigen Stellung, etliche von unseren Brüdern, den Edelleuten durch die Forderung beeinträchtigt, sich an ihren Feiertagen nicht mit Arbeiten zu befassen. Daher wird in Bezug auf Dieselben beschlossen, daß sie der ungar. Nation nicht

vorschreiben und zukünftighin um dieser Sache willen Niemand stören sollen. Ferner wird geboten, daß, da die Romanen ihrer schlechten Handlungen wegen keinerlei Gunst verdient haben, von ihnen in ganz Siebenbürgen der Zehnte an Wein, Waizen, Gemüse, Schafen, Schweinen und Bienen genommen werden solle. Art. II., Tit. III. der approb. constit. regni Transs. Durch dasselbe Gesetz wird es dem Willen der Grundherrn aus den von Ungarn wiedergewonnenen Gebieten Siebenbürgens*) anheimgestellt, ob sie von den Romanen jene Zehnten nehmen wollen oder nicht.

21. Den traurigen Zustand unserer siebenbürgischen Kirche und Hierarchie unter den Landesfürsten führt uns vollends jenes Diplom vor Augen, durch welches der Fürst Georg Rakozi am 10. Oktober 1643 unseren neugewählten Metropoliten Stefan Simon als Oberhirten bestätigt, indem er ihm gestattet, nur unsere Christen aus den Komitaten Alba, Krasna, Innersolnok, Doboka, Klausenburg, Thorda, Kockelburg, in den Distrikten Kövar, Burzen und Bistritz und in den Sachsen- und Seklerstühlen, in Alamor, Broos, Hatzeg, Hunyad, Ilya, Körös und im Fogarascher Lande geistlich zu weiden und ihm nur so viele Gerichtsbarkeit zuläßt, als ihm der ungrische reformirte Bischof einräumen werde, und ihn ferner verpflichtet: 1. an Sonn- und Feiertagen das Volk nach der Bibel zu lehren und dieses den Geistlichen ähnlicherweise zur Pflicht zu machen; 2. den Katechismus anzunehmen, der ihm gegeben worden, und zu bewirken, daß derselbe auch von Andern angenommen werde, so wie auch aus demselben den Jugendunterricht zu ertheilen; 3. die Taufe

---
*) Gemeint sind die Komitate Zarand, Crasna, und Mittelsolnok.

nach der Einsetzung unseres Herrn Jesu Christi mit einfachem Wasser im Namen des Vaters, des Sohnes und des heiligen Geistes zu verrichten und zu befehlen, daß auch die Anderen sie also verrichten; 4. das heilige Abendmahl gleichfalls nach Vorschrift unseres Herrn Jesu Christi mit Wein und Brot zu halten, dasselbe nur den Erwachsenen, die bei vollem Verstande sind und einen sittlichen Lebenswandel führen, zu spenden und die Maßregel zu treffen, daß auch Andere also thun; 5. die göttliche Majestät unseres Herrn Jesu Christi, als des einzigen Erlösers und Mittlers bei dem Vater, fromm zu verehren, auch Andere dazu anzuhalten, so wie den Heiligen die geziemende Ehrfurcht zu erweisen; 6. die Crucifixe und Bilder in der Kirche nicht mit religiöser Frömmigkeit zu verehren, sondern als einen Schmuck der Kirchen und als ein Andenken an die Leiden des Herrn zu betrachten und auch Andere sie also zu betrachten zu lehren; 7. die Bestattungen nach der Sitte der kalvinischen Kirche zu feiern; 8. ohne dreimaliges Aufgebot und bei irgend einem Ehehinderniß Niemand zu trauen, die Getrauten nicht zu scheiden, wenn aber ein Theil den andern verlassen habe und dessen Aufenthaltsort unbekannt sei, dann erst nach 4—5 Jahren dem verlassenen Theile die Erlaubniß zur zweiten Ehe nach der in der reformirten Kirche üblichen Sitte zu ertheilen; 9. die Frevler aus der Schaar der Christen auszustoßen und ihnen den Eintritt in die Kirche so lange zu verweigern, bis sie durch Buße Gott versöhnt haben würden; 10. keinen Priester oder Laien, der zum reformirten Bisthum übertreten wolle, an seinem Vorhaben, zu hindern; 11. alle Jahre mit den Pfarrern eine Synode zu halten, dabei aber verpflichtet zu sein, vom reformirten Bischofe Rath zu verlangen und demselben zu gehorchen; 12. die Erzpriester mit Einwilligung des Consistoriums und des reformirten Bischofs zu wählen und dieselben ohne Einstimmung des reformirten Bischofs nicht aus dem Amte zu stoßen; 13. bei Gelegenheit der Kirchenvisitationen mit den Priestern die etwaigen Klagen zu verhandeln und dieselben dann dem reformirten Bischofe zur Entscheidung zu unterbreiten; 14. keine Ungarn weder zu trauen, noch zu scheiden, noch deren Kinder zu taufen, noch deren Verstorbene zu beerdigen; wenn aber ein Romane eine Ungarin zur Frau nehme und Willens sei, durch den romanischen Priester getraut zu werden, dann solle die Trauung auch durch den romanischen Priester vollzogen werden können; 15. überdies gegen die Fürsten aufrichtig und treu, ein Freund von dessen Freunden und Feind von dessen Feinden zu bleiben.

22. Unter solchen ganz zu Boden drückenden Verhältnissen hat der Metropolit Stefan die Heerde Christi geweidet, für die er auch seine Seele hingegeben. Dieser Metropolit übersetzte das neue Testament in die romanische Nationalsprache und machte sich dadurch in unserem Volke unsterblich. Das Werk ward zu Karlsburg in Siebenbürgen im Jahr 1648 gedruckt. (Ausführlicheres über diese Uebersetzung siehe in der Vorrede der in der Diözesandruckerei zu Hermannstadt 1856—58 erschienenen Bibel). Nachdem sich so der Metropolit Stefan um uns unsterbliche Verdienste erworben, gab er nach achtjährigem Leiden, von 1643—1651 seine tiefbetrübte Seele Gott zurück, und es folgte ihm Daniel nach, der unter denselben Drangsalen Volk und Priester leitete und im väterlichen Glauben bestärkte. Er verließ seinen Stuhl und begab sich nach der Walachei, doch haben wir über diese seine im Jahr 1656 ausgeführte That keine zuverläßi-

gen Angaben. An seine Stelle ward noch in demselben Jahre Sabbas gewählt, einer von den seltenen Metropoliten, der kein Mittel sparte, um seine Kirche und sein Erzbisthum zu heben und den Zustand der Geistlichkeit zu erleichtern. Durch die Leidenschaften Rakozi's II. gerieth Siebenbürgen in Krieg mit den Türken und Tartaren, welche im Jahr 1658 das Land mit Feuer und Schwert heimsuchten, die Karlsburger Feste eroberten und mit ihr auch unsere Metropolie zerstörten. Sabbas tröstete seine schwer heimgesuchten Gläubigen und Priester durch Wort und That; seinen unermüdlichen Verwendungen gelang es, vom neuen Fürsten Acatius Barcsai 1659 ein Privilegium zu erwirken, kraft dessen die Priester aller Abgaben enthoben werden. Auch von Mich. Apasi I. erlangte der Metropolit Sabbas 1663 und 1673 zwei Privilegien ähnlichen Inhalts. Um den durch die Türken zerstörten Metropolitansitz wiederherzustellen, reiste Sabbas nach Rußland und sammelte dort Geldbeiträge. Seine Frömmigkeit aber und der Eifer für seine Kirche zogen ihm heftige Feinde zu, besonders den kalv. Bischof Mich. Tufaeus, dessen gewaltthätigem Auftreten es gelang, ihn zu vertreiben, abzusetzen, in den Kerker zu werfen und zu mißhandeln.

23. In der Weltgeschichte von Engel (Th 49, Band 3, Seite 477) heißt es: „Sabbas stand an der Spitze der nicht unirten Kirche in Siebenbürgen 24 Jahre lang; er erhielt Bestätigungs-Briefe von Georg Rakozi, Franz Rhebei, Acatius Barcsai, Johann Kemeny und Mich. Apasi. Von Barcsai erlangte er die Freisprechung der rom. Priester von allen Zehntabgaben und insbesondere von Apasi 1663 vom Weinzehnten. Von Sabbas besitzen wir zwei Synodalbeschlüße, den einen von 12, den anderen von

10 Artikeln, in deren einem der Gebrauch der rom. Sprache statt der serbischen bei der Messe nicht nur gestattet, sondern sogar empfohlen wird. Zweimal sanken Kloster, Kirche und Metropolitanresidenz bei den Einfällen der Türken und Tataren in Asche; daher gestattete ihm Fürst Apafi, 1668, mit seinem jüngeren Bruder Georg nach Rußland zu reisen, um daselbst milde Beiträge zum Behufe des Wiederaufbaues derselben zu sammeln. Während seiner Abwesenheit in Rußland soll der reform. Superintendent Tufaeus etliche der rom. Erzpriester für sich zu gewinnen gesucht und vom Fürsten ein Edikt erwirkt haben, welches dem Erzbischofe künftighin die Einweihung von Priestern und die Annahme von kirchlichen Abgaben verboten, den morgenländischen Erzbischof von ihm abhängig und dessen Nöthigung zum Uebertritte zur Reformation dekretirt hätte. Bei seiner Rückkehr, welche im Jahre 1686 erfolgt sein soll, beklagte er sich über das Geschehene bei dem Fürsten Apafi, und dieser erließ am 30. August 1675 folgenden Beschluß: „Mich. Apafi etc. Der zu Alba Julia über die Romanen, Serben und Griechen unseres Landes bestellte Bischof Sabbas Brankovich hat sich nebst seinen Erzpriestern und Pfarrern bei Uns beklagt, daß Etliche ihre alten Privilegien, ihren Gottesdienst und ihre kirchlichen Gebräuche umzustürzen trachten. Wir haben bisher Niemand die Erlaubniß ertheilt, sie in ihren, von Unseren Vorfahren glorreichen Andenkens geerbten Rechten zu stören. Daher gebieten wir auf's Strengste Allen, jeglichen Standes und jeglicher Würde, daß die morgenländischen Kirchen, Pfarrer und Erzpriester von dem Stuhle der jetzigen und künftigen morgenländischen Bischöfe nicht losgerissen werden" — Da aber trotzdem mehrere Versuche dieser Art gemacht wur-

ben, so erwirkte Sabbas ein zweites Schreiben vom 24. Oktober 1679, unterfertigt zu Rabnoth von Mich. Apafi und Wolfgang Bethlen (veröffentlicht am 16. Jänner 1680 von Clemens Mikesch von Zabola zu Schäßburg) ohne allen Wiederspruch. Diesemgemäß bestätigt Apafi Sabbas Brankovich als rom. Bischof in seinem Sprengel über alle Serben, Romanen, Griechen und Russen; die Erzpriester und Gemeindeältesten sollen von ihm ernannt werden. Doch gönnte sich der Supperintendent und Hofprediger des Fürsten, Tufaeus, keine Ruhe, bis er vom Fürsten einen Haftbrief gegen den greisen, am Podagra barniederliegenden Sabbas auswirkte; er ließ ihn auf Grund desselben auf's Pferd setzen und in's Gefängniß führen, sein Vermögen aber, welches er sich sehr groß dachte, konfiszirte er. Ein ähnlicher Befehl zur Verhaftung und Konfiszirung wurde auch gegen Georg, Sabbas' jüngeren Bruder veröffentlicht. Sabbas wurde unter Drohungen und Versprechungen genöthigt, seine Religion umzutauschen; er antwortete auf alle diese Zumuthungen mit Bibelsprüchen. Apafi suchte gerade nach Mitteln, sich mit Serbann, dem Fürsten der Walachei, zu versöhnen und entließ Sabbas aus dem Kerker, worauf dieser nach wenigen Jahren auch starb.

24. Es läßt sich ermessen, welche Trauer und Bangigkeit sich unseres Clerus und Volkes bemächtigt haben mag, da sie sahen, wie ihr Metropolit blos um der Standhaftigkeit im Glauben und Beruf willen vom regierenden Fürsten Apafi in's Gefängniß geworfen wurde. Die Regierungsweise dieses Fürsten wird klar gekennzeichnet durch das Schreiben, welches die siebenb. Gesandten zu Konstantinopel, Ladislaus Csáki und Christophor Rásko am 21 August

1681 an Konstantin Brankovanu richteten, das also lautet: Der erlauchte Herr Konstantin Brankovanu, Bevollmächtigter des Kantakusino Serbann, des erhabenen siebenbürgischen Fürsten, hat von uns verlangt, daß ihre Kirche nach altem Brauche freie Religionsübung habe, der Metropolit Sabbas aber, der durch das tyrannische Regiment Apafi's eingekerkert worden, mit Wiederherstellung seiner früheren Ehre, in seinen Stuhl wiedereingesetzt werde. Und da es sich geziemt, daß die gerechte Forderung genehmigt werde so ist es Gottes Sache, über die Seelen zu herrschen, der den Menschen nicht gestattet, die Seelen zu beengen und zu bedrücken. Wer wagt es somit, die von den Vätern gesetzten Grenzen zu überschreiten? Die tyrannische Wuth verwirrt die Religionen, der ruhige, gesunde Menschenverstand gibt ihnen ihre Macht vollständig wieder. Daher thun wir Unterfertigte, Fürsorger des allgemeinen Friedens und unseres geliebten Vaterlandes Siebenbürgen, zu wissen Allen, denen es zukommt, wenn uns Gott, wie wir hoffen, beisteht und zum erwünschten Ziele gelangen läßt, dahin wirken zu wollen, auf daß die orthodoxe oder rom. Religion ihre Freiheit den Gesetzen des Vaterlandes gemäß wiedererlange; und sollte sie noch irgendeiner Bedrückung unterliegen, so wollen wir bei der Landesvertretung durchsetzen, daß ihr die alte Freiheit wiedergegeben werde und daß der Metropolit oder Bischof Sabbas die alte Auktorität und die völlige Wiederherstellung der Ehre erlange, endlich daß wir ihm gegen die rechtslosen Bedrücker sowohl der Religion, als deren freie Uebung und Ceremonien beistehen wollen.*) Dieses Gelöbniß der siebenbürgischen Gesandten

---

*) Wir theilen hier das Schriftstück der genannten siebenb. Gesandten in lat. Sprache mit, wie wir es in der Geschichte des Archimand. Raic, Th. 4, Ste. 290 gefunden: Illustrissimus Dominus

zu Konstantinopel hatte für unsre Kirche den erwünschten Erfolg nicht; denn Apafi begriff schon früh, daß seine ganze Wohlfahrt am Schutze der Türken hing; deshalb unterdrückte er auch die durch Zoliomi und Bélbi gegen ihn angezettelte Verschwörung, durch welche er der Herrschaft beraubt werden sollte, mit Hilfe der Türken. Auch im Kriege, welchen Leopold der Große, Kaiser von Oesterreich, gegen die Türken führte, leistete Apafi Letzteren Hilfe, wofür er auch vom Sultan die schriftliche Versicherung erhielt, daß sein Sohn ihm in der Herrschaft nachfolgen solle. Doch ging aus dem Kriege Leopold als Sieger hervor, Siebenbürgen ward am 28. Juli 1686 von den Türken befreit und kam unter den Schutz Oestreichs; die östreich. Truppen rückten in Klausenburg, Hermannstadt und Deva ein, und so leistete Siebenbürgen

---

Constantinus Brancovany Celsissimi Principis Transylvaniensis Cantakuzeni Sorban Plenipotentiarius expetiit a nobis, ut Religio eorundem liberum more antiquorum haberet exercitium, circumspectus autem Dominus Metropolita Sava nuncupatus, et a moderno Apafio tyrannico Gubernio innocenter captivatus, pristino restituetur officio, cum redintegratione prostituti honoris. Cumque digna petenti merito assensum sit; Dei est peculium super animas dominari, nec humanis ea praepedire, vel antevertere concessit. Patrum limites quis transgredi potest? Furor Tyrannicus Religiones turbat, quieta sana mens redintegrat. Nos itaque infrascripti publicae pacis ac charae patriae Transylvaniae Curatores damus pro memoria, quibus expedit, Universis, quod si Deo favente, ut speramus, optatum finem assequi poterimus, Religionem Orthodoxam, vulgo Vallachicam ab antiquo solitis cerimoniis, eos uti, cum libero exercitio secundum ca-

auf dem Landtage zu Fogarasch im Jahre 1688 am 1. Juli den Eid der Treue gegen das Habsburgische Herrscherhaus als gegen die erblichen Könige Ungarns. Apafi starb bald darauf als der letzte magyarische Nationalfürst am 15. April 1690 und hinterließ einen einzigen Sohn, der am 1. Februar 1713 kinderlos zu Wien starb. (Conv. Lexic. unter A p a f i e, S. 532—533).

25. Nachdem der vielgeprüfte Metropolit Sabbas das Zeitliche gegen die Wohnungen der Gerechten vertauscht, folgte in unserem Metropolitanat zu Karlsburg Barlaam im Jahre 1687. Unter diesem Metropoliten kam, wie aus der Vergleichung des im vorigen Paragrafen Gesagten hervorgeht, Siebenbürgen unter die Herrschaft Oestreichs. Bevor wir aber über den Zustand unserer Kirche in jener Zeit sprechen, da Siebenbürgen unter die Kaiser von Oestreich als Fürsten von Siebenbürgen kam, ist's am Platze über den Titel unseres Oberhirten von Karlsburg einige Aufklärungen zu geben. In allen zur Zeit des einen oder des anderen von unseren

---

noues patriae, et si quae contra voluntatem eorum in suis terminis oppressa forent, coram Regno pristinae libertati restitui efficiemus, Metropolitam seu Vladicam Szavam cum plena restitutione honoris, pristino officio uti cum plena anthoritate, elaborabimus, et contra quosvis illegitimos impetitores tam in religione, quam in libero exercitio ac ceremoniis, iisdem patrocinabimur. Super qua retinenda sancta christiana fide nos obligamus hisce praesentibus, usuali Sigillo ac subscriptione corroboramus. Actum Constantinopoli die 21. Augusti Anno 1681."

Ladislaus Csaky (L. S.) Christophorus Pasko (L. S.)

Karlsburger Kirchenfürsten gedruckten Kirchenbüchern finden wir sie als Metropoliten und Erzbischöfe betittelt. So nennt 1. König Mathias Corvinus in einem Diplome von 1479 Joannikius Metropoliten von Alba=Julia. 2. König Bladislav verordnet durch das im Jahre 1494 dem Kloster der h. h. Erzengel zu Munkacs ausgestellte Diplom: der Igumen Ilarion solle dem Munkatscher Bischof die gebührende Achtung erweisen, dem Erzbischofe von Siebenbürgen aber, dem gegenwärtigen, wie den zukünftigen, als seinen Vorgesetzten, Unterwerfung und Gehorsam leisten. 3. In dem zu Kronstadt 1560 gedruckten Predigtbuche lesen wir: Genabius, Erzbischof und Metropolit von ganz Siebenbürgen und des Bezirkes Varab; 4. in dem 1641 gedruckten Predigtbuche: Genabius **Archimetropolit**; 5. in der Vorrede zum Psalter von 1651: Simeon Stefanus Metropolit des Stuhles zu Karlsburg; 6. auf dem Tittelblatte und in der Vorrede zum neuen Testamente von 1648 lesen wir: Simeon Stefanus Erzbischof und Metropolit des Stuhles zu Karlsburg, Vabu und Maramuresin; 7. in der Vorrede zu dem im Jahre 1689 gedruckten Molitvelnik aber heißt es: Varlaam Erzbischof und Metropolit der heiligen Metropolie von Karlsburg, Vabu, Silvasch, Fogarasch, Marmarosch und der Bischöfe des Ungarlandes; 8. in dem zu Hermannstadt 1696 gedruckten Orologion tritt uns Theophil als Metropolit von Karlsburg, Vabu, Marmorosch, Silvasch etc. entgegen; 9. Joh. Konst. Bessarab, Fürst der Walachei, nennt in dem Diplome, durch welches er den Bischofssitz von Karlsburg mit den Gütern vom Marischener Felde beschenkt, Athanasius Metropoliten von Alba=Julia und Erzbischof von Siebenbürgen.*) Es könnte

---

*) Dieses Diplom siehe weiter unten, wo vom Metropoliten **Athanasius** die Rede ist.

wohl Jemand fragen, woher es komme, daß in den siebenb. Landesgesetzen unser Oberhirte blos „Bischof" und „Vladica" genannt werde? Wir erwidern einfach: daß zu den Zeiten, wo die Gesetze und Erlässe der siebenb. Fürsten unseren Kirchenfürsten zu Karlsburg Bischof und Vladika nennen, unsere Orthodoxie der damaligen Regierung gründlich verhaßt war, und da das Gouvernement aus Männern reformirter Religion zusammengesetzt war, welche nur Bischöfe oder Superintendenten hatte, so wollte das Gouvernement dem rom. Erzbischof keinen höheren Titel zugestehen, als der ungrische Superintendent hatte. Die siebenb. Gesandten zu Konstantinopel aber nennen, wie wir oben sahen, in ihrem Schreiben an Konstantin Brankovann Sabbas einen Metropoliten. Daß unsere Oberhirten von Alba-Julia in Siebenbürgen Metropoliten gewesen sind, ist eine so ausgemachte Thatsache, daß wir uns beschränken, nur noch auf die Metropolitanchronik der Walachei hinzudeuten, derzufolge unsere Metropoliten durch den Metropoliten von Ungrovlachien, als den Exarchen des Patriarchen von Konstantinopel, wie wir ausführlicher im nächsten Paragrafen sehen werden, die Weihe (Chirotonia) erhielten.

26. Die Weihe unserer Metropoliten erfolgte durch den Metropoliten der Walachei als den Exarchen des Patriarchen von Konstantinopel, was auf Seite 402 der Pravila ersichtlich ist und durch die Metropolitanchronik der Walachei bestätigt wird, worin Seite 19 die Weihe des neuen Metropoliten von Karlsburg Joasav am 1. April 1682, Seite 20 die Weihe von Sabbas IV. zum Metropoliten von Karlsburg im Jahre 1684, Seite 21 jene Varlaam's im Jahre 1687, S. 22 jene Theophils im Jahre 1693, endlich Seite 24 jene des Athanasius im Jahre 1698 angeführt wird.

27. Die der Karlsburger Metropolie unterstehenden Bisthümer sind die: von Kumanien, Badu, Silvasch, Fogarasch, Marmarosch und die Bisthümer aus Ungarn. Diese Bisthümer werden in der Titulatur des Metropoliten Varlaam in der Vorrede zu dem unter Michael Apafi im Jahre 1681 gedruckten Molitvelnik Ritualbuch erwähnt. Der Grund, warum in den Titeln der übrigen Metropoliten blos die Bisthümer von Badu, Silvas und Marmarosch, nicht aber auch jene von Ungarn erwähnt werden, kann nur darin liegen, daß da unser Bisthum von Großwardein in Ungarn lag, der Metropolit Varlaam in seinem Titel nicht den Ortsnamen jenes Bischofssitzes, sondern den Namen des Landes anführte; Metropolit Genabius aber, der um 1560 lebte, führte in seinem Titel dieses Bisthum nach dem Namen der Stadt, wo der Bischof seinen Sitz halte, an. Man kann aber auch anders sagen, und zwar, daß zur Zeit des Metropoliten Varlaam das Bisthum von Großwardein unbesetzt war und derselbe vielleicht auch nicht hoffen durfte, daßselbe bald besetzen zu können, oder daß ihm seitens der weltlichen Obrigkeit die Wiederbesetzung jenes Bisthums und die Erwähnung seines Namens mag untersagt gewesen sein und er somit durch den Titel: „Metropolit von Ungarn" sagen will, daß auch die dortigen Christen zu seinem erzbischöflichen Sprengel gehören.

28. Wie wir oben in den §§. 14, 15 und 27 sahen, war das Bisthum von Munkatsch auch unserer siebenbürgischen Metropolie untergeordnet*). Aus dem Diplom der Königin Isabella aber ersehen wir, daß diese Königin für das Bis-

---

*) Dies beweist auch die Ansicht des Joannichius Basilovic in dessen Werk: Brevis not. fund. Theod. Koriatovic, Th. 2, Cap. 10, §. 2, wo es heißt: Die Bischöfe der ruthenischen

thum des Klosters Felbiob, — das sind die Worte des Diploms — im Jahre 1557 Christophorus zum Bischof eingesetzt. Werden die Worte des Diploms mit Rücksicht auf die Zeit, wo dieser Bischof durch die Königin Isabella bestätigt wird, einer genauen Prüfung unterworfen, so folgt daraus, daß zu jener Zeit das Bisthum Silvas, in dessen Sprengel auch Felbiob hineingehörte, erloschen war, die Christen aber, in beträchtlicher Anzahl, sehnsuchtsvoll einem Hirten entgegen sahen. Gewiß war dies der Regierung nicht unbekannt, und darum mag sie wohl, um die des rechtmäßigen Bischofs ermangelnden Christen zufriedenzustellen und vielleicht weil ihr der Igumen des Klosters Felbiob eine persona grata war, diesen zum Bischof, mit dem Sitze im Kloster selbst, befördert haben

29. In den §§. 12, 13 und 14 sahen wir, wie der siebenbürgische Landtag in tit. VIII.*) die Verpflichtungen feststellte, an die sich unsere romanische Geistlichkeit streng zu halten haben sollte, und denen gemäß unsere Religion, aus Rücksicht auf die allgemeine Wohlfahrt, zu dulden sei. Nun erübrigt noch, was die alte Gesetzgebung in Betreff der Mönche und Klöster festgestellt hat, kennen zu lernen. Dies finden wir in tit. LIII., Art. 1 der approb. constitut., wo es heißt: Da auch die Confession der romanischen Nation keine der vier rezipirten Religionen ist, so ist auch jener Orden, dessen Angehörige Mönche heißen, nicht nur nicht anerkannt, sondern sogar verboten worden. Daher wird es dem Land-

---

Nation waren Anfangs dem Erzbischof von Justiniauea L. untergeordnet und kamen erst später unter die rom.- transalpinische, b. i. siebenbürgische Metropolie.

*) Approb. Constit. Regni Transs. pars 1, Titulus VIII.

tage und den Fürsten zur freien Verfügung gestellt, diese, je nachdem es nützlich oder nöthig erscheint, ganz zu verweisen *). Erwägen wir die allgemeine Verehrung, mit der das rom. Volk an seiner von den Vorfahren geerbten Religion gehangen, wofür uns Balitia Boba und Dragu Mester durch Stiftung des St. Michaelklosters und dessen Ausstattung mit sieben Dörfern einen Beleg liefern, so können wir getrost die Behauptung aufstellen, daß es in Siebenbürgen viele Klöster gegeben hat. Auf die Stichhaltigkeit dieser Behauptung deutet auch der erwähnte Landtagsartikel hin, weil kein ähnliches Verbot gegen den Mönchsorden erlassen worden wäre, wenn es nicht viele Klöster gegeben hätte. Wir behaupten ferner, daß diese Klöster reich ausgestattet waren; denn sonst hätte die Königin Isabella im Diplom für den Bischof des Klosters Feldiod nicht sagen können: Der Bischof Christophorus solle alle Gebiete, Einkünfte und Nutznießungen innehaben, welche jener Episkopat, d. h. jenes Kloster von Alters her gehabt habe.

30. Um die siebenbürgischen Klöster der gänzlichen Vergessenheit zu entreißen, fühlen wir uns verpflichtet, hier einige Bemerkungen folgen zu lassen, wie wir sie alten Ueberlieferungen der Kirchenkinder gemäß von Einzelnen aus dem Clerus und dem Lehrerstande in Erfahrung bringen konnten.

---

*) Az mint hogy az oláh nationak Vallása is nem a négy recepta religiok közzül való, úgy az a szerzet, mellyben lévök Kalugyereknek nevesztetnek, nem acceptáltatott, sőt inkább még tilalmasztatott. Hagyattatik annak okáért mostan is az Országnak és Fejedelmeknek szabados dispositiokra, ugy hogy valamikor illendőnek, vagy szükségesnek itélik, tellyességgel excludáltassanak.

So heißt es 1. vom Kloster zu Deda,*) im heutigen Sächsisch-Reener Bezirke: es sei auf dem Weichbilde des Dorfes Deda, etwa ¼ Stunde vom Dorfe selbst, am Bistraflusse gestanden, habe viele Mönche und eine sehr große, steinerne, herrliche Kirche gehabt, deren Trümmer bis auf den heutigen Tag kenntlich, 16 Klaftern in der Länge, 7 in der Breite messen. Auch kenne man noch jetzt den Platz des Altars und der übrigen Theile der Kirche. Ferner seien noch sehr gut eine Reihe von Steinen kenntlich, welche auf einem wässerigen Boden bergein dem Dorfe zu führen und den Mönchen zur Regenszeit, wenn sie aus dem Kloster nach dem Dorfe gekommen, zu Treppen gedient hätten. Das Kloster sei vor 120 Jahren, nach vorgängiger Vertreibung der Mönche durch die Grundherrn aufgehoben worden; der Grund aber und der Garten des Klosters, der voll der schönsten Obstbäume gestanden, von denen ein großer Theil noch jetzt lebten, seien in d.n Besitz der Grundherrn gekommen. Aus dem Kloster seien viele Bilder nach der Ortskirche gebracht worden, unter denen auch das des Schutzheiligen der Kirche, der Gottesgebärerin, vom Jahre 1690 und ein Kreuz von 1689, welches seiner Inschrift nach zu den Zeiten des Fürsten Michael Apafi gemalt worden sein soll. — 2. Das Kloster Prislopn bei Hatzeg, gegründet 1560—1580 durch Frau Sapphira, Tochter des Fürsten Moses aus der Walachei. 3. Das Kloster Ploska bei Hunyad; auch steht am Mühlenbache im Hazeger Thale auf einem Felsenvorsprung eine alte steinerne Kirche, unten aber sieht man einen Schutthaufen, an dessen Stellen ein Kloster gestanden haben soll.**)

*) Laut Mittheilung des Dedaer Pfarrers Johann Popescu.
**) Vom Herrn Erzpriester von Hatzeg, Michael Maximilianu.

4. Das Kloster in der Nähe des Dorfes Szamosfalva bei Klausenburg, erzählt ein 88jähriger Greis Namens Petru Monu, auf welches er sich selbst noch besinne, stand am südlichen Ende des Szamosfalvaer Weichbildes, nahe am Weichbilde von Giurfalva tief im Walde, wo heute noch ein Gehege für Ochsen, kein Wald mehr ist; der Ort heißt daher noch heutzutage „am Kloster;" doch findet man vom Kloster selbst keine Spuren mehr, da es aus Holz gebaut war. Auch erzählt noch der Greis, er habe als 14jähriger Knabe in diesem Walde das Vieh gehütet und dem Mönche von dort, Namens Kostinu, Wasser getragen; das Bett des Mönches sei Laub, sein Kissen ein nacktes Brett gewesen. Ueber die Aufhebung des Klosters wisse man nichts bestimmtes, doch vermuthe man, dieselbe sei unter der Regierung Josephs II. erfolgt. Derselbe Greis und Georg Probann, der jetzige Pfarrer von Szamosfalva, erzählen ferner, das abgetragene Klostergebäude sei in's Dorf verlegt und es sei in demselben bis zur Gründung der jetzigen Kirche der Gottesdienst gehalten worden; auch habe es nachher zur Haltung der Gedächtnißmale für die Todten gedient, endlich seien die beiden Sängerstühle von heute aus dem Holze des Klostergebäudes selbst angefertigt worden.*) 5. Fast bei allen Ortschaften längs des Fußes der Fogarascher Gebirge sollen in den Wäldern an den Mündungen der schönsten Thäler Klöster oder Zellen für die Mönche gestanden haben Jene in der Nähe der Dörfer Groß-Berivoiu, im Sebesthale; bei Scherkaitza, Neuschinka, Perschani, Venetia, Oberkomana und anderswo sind aus politischen

---

*) Vom Herrn Pfarrer und Erzpriesteramtsverweser zu Unter-Klausenburg Basilius Rossiescu.

Rücksichten um das Jahr 1760 aufgehoben, ihre Güter aber eingezogen worden. Die Trümmer der Klöster sind noch heute sichtbar, auch ihre Namen haben sich erhalten, und sind an jenen Orten viele Gärten voll edlen Obstes. Bei Sambata und Neu Sinka stehen noch die gemalten Wände. Hier bringt ein Mann den Sommer zu und hütet, bis es abgenommen wird, das Obst, als: Pflaumen, Aepfel, Birnen, Nüsse 2c. Die heutigen Pfarrer von Neu-Sinka, beide von vorgeschrittenem Alter, erzählen, die jetzigen Bewohner von Neu-Sinka seien aus Alt-Sinka gekommen, um sich am Kloster niederzulassen, und so sei das Dorf Neu-Sinka entstanden, dessen Kirche die Klosterkirche selbst sei*). 6. Das Kloster von Obersambata mit der zur Feier von Maria Opferung geweihten Kirche, ist, seit etwa 85—90 Jahren verödet. Das Kloster stammt aus alter Zeit und das Jahr seiner Erbauung kennt man nicht; doch ergibt sich, daß die Klosterkirche im Jahre 1767 ist gemalt worden. Das Kloster ist an zwei Gebirgsausläufer gegen Osten und Westen angelehnt, gegen Norden begrenzt es ein sehr schöner Wald auf einer Hochebene mit hohen Bäumen, und gegen Mittag fließt ein Bach mit klarem Wasser wie das von Siloam. Die Kirche steht in einem großen Garten, wo jetzt vielerlei gepfropfte Bäume sie umgeben. Die Kirche hat vier Räume: 1. den Vorhof, 2. die Frauenabtheilung, 3. die eigentliche Kirche, welche rund und mit dem mitten in der Kuppel sich erhebenden Thurme zusammengebaut ist; die Kuppel, eine starke, wasserdichte Mauer, sie ist von unten bis zur Spitze des Thurmes

---

*) Durch den Herrn Erzpriester von Fogarasch 1. Petru Popescu und die Pfarrer von Neusinka Georg Flocosu u. Nestoru Popa.

bemalt; hier sind acht Fenster und es scheint als hätten vier Kandelaber herabgehangen, da sonderbarerweise auch jetzt noch zwei Seile herabschweben. Die Bilder der Heiligen sind trefflich gemalt, die Kronen mit ächtem Golde übergoldet, so daß die Kirche von ihnen strahlt. Einige scheinen nur jetzt gemalt worden zu sein. 4. Der Altar ist gleichfalls schön gemalt doch ist das Gewölbe des Altars, der Frauenabtheilung und des Vorhofs leider eingestürzt. Auf der Kirchenkuppel rings um den Thurm haben drei Tannenbäumchen, etwa drei Klafter hoch, und mehrere Birken, deren eine etwa 5 Klafter hoch ist, Wurzel gefaßt. Diese Kirche ist, wie vor dem heiligen Opfertische geschrieben steht, auf Kosten des Fürsten Konstantin Brankovanu, Herrn von Ungrowlachien, Sr. Heiligkeit des Igumen des Klosters, Bisarion und des Kirchenvaters, Herrn Manolache Rafaila gebaut worden. Rings um das Kloster standen viele Zellen ıc.*). 7. Bei Oberporumbaku und bei Skorei stehen auch Trümmer von Klöstern. Die Kirche des Klosters von Skorei hat von nicht langer Zeit ein Christ aus Kartisoara mit Stroh gedeckt, damit sie nicht ganz einfalle. Auch an diesen Orten steht noch heutzutage, abstechend gegen den übrigen wilden Raum, eine Waldwiese mit edlen Bäumen**). 8. Das Bistum Vabu hat, wie ich in Erfahrung gebracht,***) im Thale am Flusse Samos in der ungefähren Entfernung von 1½ Meile von der Stadt Dees gestanden, die Kirche selbst war auf einer

---

*) Durch den Pfarrer von Obersambata Johann Mardanu.

**) Durch den Erzpriester-Amts-Verweser von Fogarasch II., Basilius Maximu.

***) Durch den Pfarrer zu Szél Joanu Lupu.

romantischen Anhöhe am Eingange eines engen von waldreichen Bergen umringten Thales gebaut, das sein Wasser dem Samos zusendet. Sie hatte eine Länge von 9 und eine Breite von 5 Klaftern. Innerhalb des Altars gegen Osten, tiefer als eine Klafter von einem Fensterlein, findet sich ein langer, nun übertünchter Stein, auf dem man noch die Spuren einer Inschrift erkennen kann, aus welcher die Buchstaben hervortreten M . . LOST . . ISINTAVIX . . . In die linke Altarmauer ist der Platz des Opfertisches eingehauen. Wenn man aus dem Altar zur linken Thüre heraustritt, so findet man dicht neben dem Vorhange einen tief in die Mauer eingehauenen Platz mit einem gemauerten Sitze für eine Person. An der Lehnseite des Sitzes ist wieder ein, nunmehr übertünchter Quaderstein, auf dem von einer alten Inschrift noch die Buchstaben stehen: USUFL . C . . O . . N . . M . . P . . . rechts, gleichfalls dicht am Vorhange, tief in die Mauer eingehauen, steht ein zweiter Sitz, doch ohne Inschrift. Die Trümmer der bischöflichen Residenz, welche auf der rechten Seite der Kirche gestanden, sind noch heutzutage sichtbar. An der äußeren Thurmmauer steht oberhalb der Thüre ein beschriebener Quader, auf dem noch die Buchstaben kenntlich sind: . . M . . CE . . LLU S . . RF . . BBRITTH . . X . . LU . . ARIA . IXFFAVRE. Daß hier ein Bisthum gestanden und in demselben ein Bischof seinen Wohnsitz gehabt, geht aus der Benennung der meisten Theile des Weichbildes von Babu, als: Bischofsgarten, — Brunnen — Wiese, — Hügel, — Wald, — Thal, — Fuß ꝛc. hervor.

31. Der Grund, warum unsre Hierarchie und unsre Christen so vielen Drangsalen und Bedrückungen ausgesetzt

gewesen sind, kann dem oben Gesagten zufolge in nichts Anderem, als in dem Umstande gesucht werden, daß die ungarische Aristokratie von jeher übermächtig war, Gesetze gab und keine andere Religion gelten ließ, als die des Herrschers, woher denn auch der Spruch: Cujus regio, ejus etiam religio, d. h. wessen das Land, dessen der Glaube. Einen Beweis hiefür liefert die Thatsache, daß so lange die Religion des Herrschers die abendländische war, die ungr. Aristokratie unsre Orthodoxie vom Standpunkte der abendländischen Kirche bedrückte, nachdem aber die Religion des Herrn die reformirte geworden, uns das Unheil von der reformirten Kirche aus überkam. In Folge dessen könnte man die Frage an uns richten: ob es denn unter unsern Christen und Stammgenossen keine Aristokraten gegeben habe, welche die rom. orth. Kirche beschützen und ihre Freiheit aufrechterhalten konnte? Hierauf entgegnen wir, daß wir unter unseren Christen und Stammgenossen nur zu viele Aristokraten gehabt haben, wie dies aus den Adelsbriefen gar vieler siebenb. Magnaten und Edelleute hervorgeht, daß aber um jene Zeiten und namentlich vom 11. Jahrhundert bis vor Kurzem die Aristokratie um Nichts als um ihre Einkünfte besorgt war und diesen alle ihre andern Pflichten zum Opfer brachte, daß sie den Spruch: Cujus regio etc. kannte und so von ihrer altväterlichen Religion leicht abfiel und jene des Herrschers, mit der sie zugleich ein höheres Ansehen und Ehrenstellen bekam, annahm. Wir können zwar nicht behaupten, daß irgendein Romane, sobald er adelig geworden, von seiner Religion und Nation abgefallen sei, haben aber guten Grund zu sagen, daß wenn unser Einer in den Adelsstand erhoben wurde, derselbe sogleich in andere Verhältnisse und Kreise trat, als jene waren, in denen er als Nichtadeliger gelebt hatte. Ferner war dann die Erziehung, die diese Romanen, doch zugleich ungr. Aristokraten, ihren Kindern gaben, keine andere, als die ungrisch-aristokratische. So kam es, daß wenn der Vater seine Religion und Nation nicht aufgab, der Sohn es zur Hälfte that, endlich der Enkel sich ihnen ganz entfremdete und für immer von ihnen abfiel. So verloren also Kirche und Nation diese ihre Söhne und blieben ohne Schutz.

32. Bei dem ersten Anblicke dieser Verhältnisse könnte man fragen, wie denn die romanische Aristokratie die Treulosigkeit begehen konnte, von ihrer Kirche und Nation abzufallen? Wer auch noch so wenig die Sitten dieser Zeit kennt, den dürfte diese Apostasie der romanischen Aristokratie nicht befremden, weil die Aristokratie jener Zeit insgesammt, ohne Unterschied von Nation und Religion, eine äußerst geringe geistige Bildung besaß, mit dem Schwerte in der Hand lebte, und gegen die nur zu häufigen fremden Einfälle ins Feld rückte; wenn aber Friede im Lande war, zu Hause saß, ein patriarchalisches, doch selbstsüchtiges Leben führte und es gerne sah, wenn sie große Einkünfte bezog und sich gegen den Feind des Vaterlandes rüsten konnte, — Verhältnisse, aus denen sich das die Bauern so sehr drückende Feudalsystem entwickelt hat. Auf den Landtagen wurde, wie die Gesetze darthun, nur über die Förderung der Interessen des Adels und die Religion des Herrschers verhandelt; und da die Geistlichen der landesherrlichen Religion einen um so wichtigeren Einfluß auf die Landesangelegenheiten ausübten, da viele abendländische Bischöfe, als die durch höhere Bildung die Aristokratie überragenden, auch politische Würden bekleideten: so wußten sie

sich im Lande eine bevorzugte, zugleich gewinnreiche Stellung zu erwerben.

33. Je weniger aber die rom. Aristokratie in Siebenbürgen ihrer Kirche und Nation zugethan war, und je mehr sie von eiteln Gedanken irregeleitet wurde, mit um so größerem Stolze dürfen wir es aussprechen, daß die Geistlichkeit und das Volk, an ihrer Spitze die Bischöfe, inmitten der zahllosen Drangsale eine musterhafte Stärke bewährten und ihrer Religion und Nationalität unerschütterlich treu blieben. Diese Seelenstärke war eine lebendige Frucht jener moralischen Ueberzeugung, daß wenn sie von dem Einen lassen, alsbald auch das Andere verloren gehen werde; und da sich der Romane seine Religion ohne Nation und Nationalität gar nicht zu denken vermag, so blieb er, um sich die nationale Existenz zu sichern, bei jener Religion, in welcher er als Romane geboren war und welche nach seiner Ueberzeugung der kräftigste Schirm für seine Nationalität in allen Stürmen ist. Zu dieser Ueberzeugung mußte die romanische Nation eben auch durch die Wahrnehmung geführt werden, wie hoch die anderen Nationen Siebenbürgens ihre Religion und Nationalität schätzten, ja zu deren Gunsten auf Kosten der rom. Religion und Nation sogar Proselytenmacherei trieben. In diesem Glauben wurden die Romanen ferner durch den augenscheinlichen Umstand bestärkt, daß die durch glückliche Umstände in den Adelsstand erhobenen Romanen, mit Verachtung ihrer romanischen Religion und Nation, mit dem Uebertritte zu einer neuen Religion auch jenen zu einer neuen Nation verbanden. Im Gegentheile aber wurden die Romanen in der angestammten Religion ihrer Väter bestärkt, da sie sahen, wie die Ungarn und Sachsen, Reiche und Arme, Gelehrte

und Ungelehrte, ja wie selbst die Landesfürsten ihre alte Religion gegen eine neue vertauschten. Nicht gewöhnliche Versuchungen, sondern arge Verfolgungen erhoben sich gegen unsere Kirche, als in Siebenbürgen, wie wir oben sahen, die Lehre Luthers und Calvins durchbrang, und dennoch siegte die damals in der Vertheidigung der Kirche bewährte flammende Kraft der rom. Nation, und so wie sie alle Fallstricke des Proselytismus mied, so erduldete sie auch die zeitweiligen Bedrückungen seitens des Widersachers ihrer Kirche als einige, deren Gemeinheit sich mit den warmen Strahlen ihrer von den Stammvätern ererbten Religion nicht messen konnte.

34. Als eines kleinen Beweises für die Schwierigkeiten, die unseren Christen rücksichtlich ihrer Religion sich entgegenstellten, gedenken wir hier unserer Christen von Bungard, die auf ihre Bitte an den Hermannstädter Magistrat: sich eine Kirche bauen zu dürfen, folgenden Bescheid erhielten: Die ältesten Einwohner von Bungard, Bukur Barbu ꝛc. bitten den Hermannstädter Magistrat um Gottes Willen um Erlaubniß, statt der zerbrochenen Kirche eine neue zu bauen. Sie erhalten die Erlaubniß, doch mit solcher Bescheidenheit, daß sie den Zehenden von allen Früchten nicht ihrem Popa, sondern dem deutschen Pfarrer alba ohne Tergiversation zu geben verpflichtet sollen sein, auch den Schulmeister neben den anderen Inwohnern seinen Lohn, sowohl auch den deutschen Pfarrhof, Kirch und Schule helfen bauen und erhalten. Datum Sibinii die 9. Sept. 1628.*) — Ebenso ertheilt Fürst G. Rakoti unter dem 8. Januar 1647

---

*) Siehe Zehntrecht von G. D. Teutsch 1858. pag. 213.

den Romanen aus Groß-Csergeb die Erlaubniß eines Kirchenbaues nur unter der Bedingung, daß sie den Zehnten dem sächsischen Pfarrer geben*).

35. Schon im Jahre 1687 starb unser Metropolit, und ihm folgte in demselben Jahre der Mönchspriester Varlaam im Amte nach, der vom Patriarchal-Exarchen zu Tergoviste ordinirt wurde und der erste rom. Metropolit der orthodoxen orientalischen Religion war, welcher seine, sowie seines Clerus und Volkes Huldigung Leopold dem Großen,

---

*) Georgius Rakotzi, ... Da unsre an unsre Balásfalvaer Herrschaft gehörigen Nagy Csorgodőr walachischen Unterthanen, vor uns bittend und unterthänigst stehend, vorgestellt haben, daß sie schon seit lange in unserm Dorfe Nagy Csergöd angesiedelt, noch keinen Geistlichen und keine Kirche ihres Glaubens in jedem Dorfe hätten, indem die früher dort wohnhaften Bulgaren sich einen lutherischen sächsischen Geistlichen gehalten hätten, und daß die Walachen, um nicht immer sonst wohin zur Predigt zu gehen, sich auch eine Kirche erbauen wollen. Deren unterthänige Bitte haben wir gnädig angesehen und ihnen erlaubt, sich eine walachische Kirche zu bauen und auch einen Geistlichen bei derselben zu halten, jedoch unter der Bedingung, daß sie dem sächsischen Pfarrer und dessen Nachfolger zu jeder Zeit den Zehnten, den sie ihm bis jetzt entrichtet haben, entrichten, auch nach diesem Dahingehn, ja auch außerdem dem sächsischen Geistlichen eben so zu zahlen und ihm seine Einkünfte darzubringen gehalten sein sollen, wie früher zu aller Zeit. Darum befehlen wir Euch, unsern Getreuen, gnädig, ihnen unter solcher Bedingung zu erlauben, eine Kirche zu bauen. Secus non facturi ... Datum in civitate nostra Albensi Transilvaniæ, die 8. Januarii a. d. 1647. — Siehe Zehentrecht von Teutsch 1858. pag. 217.

dem Kaiser von Oestreich, darbrachte, dem, wie oben gesagt worden, Siebenbürgen im Jahre 1688 zugefallen war. Der Titel dieses Metropoliten, wie er sich auf dem in der Karlsburger Metropolie 1689 gedruckten Molitvelnik findet, lautet: Varlaam, Erzbischof und Metropolit der heil. Metropolie von Karlsburg, Vadu, Silvas, Fogarasch, Marmarosch und Bischof des Ungarlandes. Unermüdlich war unser Metropolit Varlaam thätig, bei der Regierung des neuen Herrschers seiner Kirche und dem Clerus und Volke derselben Erleichterungen zu erwirken; die kaiserliche Regierung konnte aber den gerechten Bitten unseres Kirchenhirten kein Gehör schenken, weil Kaiser Leopold die frühern siebenbürgischen, für die kirchliche sowohl als politische Stellung der romanischen Nation so drückende Constitution beschwören mußte. Nach fünf Jahren voller Anstrengungen für die Befreiung der Kirche starb der Metropolit Varlaam, und ihm folgte im Jahre 1693 Theophilus nach, der der alten Sitte gemäß auch zu Tergoviste ordinirt wurde*) und der zweite Metropolit unserer Religion unter den österreichischen Herrschern war. So sehr auch dieser um die freie Stellung der Kirche und bessere Zustände seines Clerus bemüht war, so hatte er doch, wie aus den Folgen seiner Handlungen hervorgeht, weder die Seelenstärke, noch den kirchlichen Charakter, den ihm von Seite einiger römischkatholischen Geistlichen bereiteten Nachstellungen zu entgehen. Denn so wie nach der Reformation die kalvinischen Kirchenmänner den Calvinismus unter die Romanen zu verpflanzen suchten, so bemühten sich nun die röm. katholischen Priester auf jede mögliche Weise, die Unseren

---

*) Siehe die Kircheng. von Lesviodax, Bukarest 1842. S. 323.

auf ihre Seite zu ziehen. Um zu ihrem Ziele zu gelangen, versprachen sie der romanischen Geistlichkeit Erleichterung von den Frohndiensten und Befreiung von den Schmähungen, die sie dulden mußten, brachten aber zugleich die vier Punkte in Vorschlag: 1. Anerkennung des Pabstes als Haupt der Kirche; 2. Anerkennung des h. Abendmahles mit gesäuertem und ungesäuertem Brote; 3. Anerkennung des Ausganges des h. Geistes vom Vater und vom Sohne; 4. Anerkennung des Fegefeuers. Es ist klar, daß der Metropolit Theophilus zur Apostasie geneigt war, doch wollte er dieselbe nicht allein begehen, und darum berieth er sich darüber insgeheim mit denen, welche sein Vertrauen besaßen. Und da Geistliche und Volk merkten, daß ihr Oberhirte im Begriffe war, seiner urväterlichen Religion untreu zu werden, und es auch im Clerus Etliche gab, welche dem Schritte ihres Bischofs zu folgen nicht anstanden, so ward eine große Verwirrung, welche durch die Reformirten, die mit Bedauern die Hinneigung Theophils und etlicher seiner Parteigänger zur Union mit dem röm. Stuhle sahen, noch vermehrt wurde.

36. Der Metropolit Theophilus soll in Folge dieser Wirren im Februar des Jahres 1697 eine Synode gehalten haben, und sollen in deren ersten Sitzung die Bedrückungen, die der Kirche unter den einheimischen Fürsten reformirter Religion widerführen, ausführlich besprochen worden sein, mit besonderer Berufung darauf, wie unter diesen die Kirche nicht nur unterjocht, sondern auch an ihren Glaubenssätzen angetastet worden sei, indem sie mehrere rom. Bücher hätten drucken und darin die ursprüngliche Lehre unserer Kirche entstellen lassen; — in der zweiten Sitzung soll der Metropolit den zu begehenden Abfall von der urväterlichen Religion und

die Eingehung der Union mit der abendländischen Kirche zur Berathung vorgelegt haben und man soll endlich in Betreff der Union in Folgendem übereingekommen sein: 1. die rom. Kirche soll für immer jene vier Punkte halten, die die heil. Union in sich fassen, zu mehreren aber unter keinem Vorwande angehalten werden. Die die Union enthaltenden 4 Punkte aber sind diese: der Pabst von Rom ist das sichtbare Oberhaupt der ganzen christlichen Kirche in der Welt; 2. das ungesäuerte Brot ist vollkommen geeignet für das Sakrament des Abendmals; 3. außer dem Himmel, dem Sitze der Seligkeit, und der Hölle, dem Kerker der Verdammten, gibt es noch einen dritten Ort, wo die noch unreinen Seelen behalten und gereinigt werden; 4. der heil. Geist, die dritte Person der Dreifaltigkeit, geht vom Vater und vom Sohne aus; II. das kanonische Recht, nach rom. Sprachgebrauche Pravila genannt, soll in Kraft bleiben, mit Ausnahme dessen, was der heil. Union widerstreite und soll in Rechtssachen nach demselben verfahren werden; III. die im Kirchendienste stehenden Personen, Priester, Kirchenbeamte, als Diakonen, Kantoren, Schullehrer und Kirchendiener sollen sich derselben Rechte, Privilegien, Exemtionen und Freiheiten erfreuen, deren sich die röm. kath. Priester oder die des lat. Ritus nach den h. h. Kanones und den Statuten der ungr. Könige erfreuen. IV. Die rom., mit der röm. Kirche unirten Laien sollen zu allen Aemtern zugelassen und befördert werden, gleich denen der anderen im Lande rezepirten Nationen und Religionen, und sollen deren Söhne ohne Unterschied in den lat. katholischen Schulen aufgenommen und der kath. Stiftungen theilhaftig werden. V. Soll für die gehörige Subsistenz des Metropoliten der rom. Kirche Sorge getragen werden

In der dritten Sitzung soll die Unterbreitung der Synodalakten vor den Kaiser und den Primas von Ungarn, dermalen Leopold von Kollonic beschlossen worden sein. Die Repräsentation selbst nun folgendermaßen gelautet haben: Wir Theophilus von Gottes Gnaden Bischof der roman. Kirche in Siebenbürgen und der damit vereinigten Theilen von Ungarn, und der gesammte Clerus derselben Kirche, thun zu wissen hiemit Allen, denen es zukömmt, daß wir im verfloßenen Monat Februar zu Alba=Julia Generalsynode gehalten und auf derselben einstimmig beschlossen haben, in den Schooß der heiligen Mutter, der röm. Kirche zurückkehren und uns mit ihr wiedervereinigen zu wollen, indem wir Alles annehmen, bekennen und glauben, was sie annimmt, bekennt und glaubt. Und insonderheit bekennen wir die vier Punkte, um derettwillen wir uns bisher getrennt haben: 1. Wir erkennen an, daß der röm. Bischof das sichtbare Haupt der ganzen christlichen Kirche in der Welt ist. 2. Wir bekennen, daß es außer dem Himmel, dem Sitze der Seligen, und der Hölle, dem Kerker der Verdammten, noch einen dritten Ort gibt, wo die noch unreinen Seelen behalten und gereinigt werden. 3. Wir glauben, daß das ungesäuerte Brot vollkommen geeignet ist für das Mahl des Herrn und das Mysterium der Messe. 4. Wir glauben, daß der heilige Geist, die dritte Person in der Trinität, vom Vater und vom Sohne ausgeht, und nehmen an, bekennen und glauben Alles, was die heilige Mutter, die röm. kath. Kirche, annimmt, bekennt und glaubt. Doch verlangen wir von der k. k. Majestät Folgendes: 1. Daß die Priester und Kirchendiener des griech. Ritus sich aller Privilegien und Rechte erfreuen sollen, deren sich nicht nur die röm. katholischen Priester, sondern auch die

Arianer, Lutheraner und Calviner erfreuen; 2. daß in jeder Gemeinde, die einen Pfarrer hat, die Kirche ein Pfarrhaus habe, damit der Pfarrer nicht genöthigt sei, in fremdem Hause und auf fremdem Grunde zu wohnen; 3. daß die Priester vom Bischofe abhängen und dieser über sie verfüge, nicht aber Laien, wie bisher. Wir, sagen die Vorerwähnten, der Bischof Theophilus und der ganze Clerus erbitten uns Dieses in Demuth von der k. k. Majestät und verpflichten uns zu den oben angeführten Punkten vor dem Vater Paul Baranï, Pfarrer der röm. kath. Kirche zu Alba-Julia. Zur Beglaubigung und Bekräftigung dessen haben wir eigenhändig unterschrieben und mit unserem bischöflichen Siegel, sowie mit jenem der Universität des Clerus, bestätigt. Gegeben zu Alba-Julia am 21. März 1697. Theophilus, Bischof, und der ganze Clerus *).

37. Die Folgen dieser Synode vermehrten noch die inneren und äußeren Wirren der roman. Kirche und Nation, indem äußerst wenige unsrer Priester und Laien sich mit dem Gedanken des Abfalls von ihrem urväterlichen Glauben befreunden konnten und indem die Reformirten ihrerseits sogar bis an dem kaiserl. Thron hinauf das Unternehmen der erwähnten Synode zu vereiteln suchten. So standen die Verhältnisse als der Metropolit Theophilus erkrankte und im vierten Monate nach Ausfertigung jenes Aktenstückes, also im Juli 1697 starb, die Kirche aber im kläglichsten Zustande zurückließ. Theophilus war der zweite Metropolit unserer orth. Religion unter der östreichischen Herrschaft. Ihm folgte sieben Monate später der Hieromonachus Athanasius im

---

*) Magazinu istoricu pag. 272—275.

Jahre 1698 im Amte nach. Die Unruhen wuchsen fort und fort, bis sie einigermaßen das unter dem 14. April 1798 an das Landesgouvernement erlassene Dekret des Kaisers Leopold beschwichtigte. Dasselbe lautet: Diejenigen unter den rom. Priestern des griech. Ritus, welche bekennen und erklären werden, den griech. Ritus nach der Norm der mit den Katholiken Unirten beobachten und den röm. Bischof anerkennen zu wollen, werden sich der Privilegien der katholischen Priester erfreuen; Diejenigen dagegen, welche das genannte Bekenntniß nicht ablegen zu können glauben oder sich mit einer anderen der vier rezepirten Religionen vereinigen oder aber bei der Religion bleiben, welcher sie gegenwärtig angehören, sollen sich der Privilegien jener Religion erfreuen, für welche sie sich erklären oder zum Staube und den Rechten der Religion gezählt werden, zu welcher sie sich gegenwärtig bekennen.

38. Ebenso erließ der Erzbischof von Gran an das Landesgouvernement folgendes Manifest:

Nos Leopoldus miseratione divina Sacrae Romanae Ecclesiae tituli S. Hieronymi Illyricorum Presbyter Cardinalis a Kollonics, Archiepiscopus Strigoniensis, locique et Comitatus eiusdem supremus ac perpetuus Comes, Primas Regni Hungariæ, Legatus natus, Summus Secretarius et Cancellarius, S. Ioannis Hierosolymitani ordinis Prior, et Commendator Egrae, Maylbergae, Sacrae Caesareae Regiaeque Maiestatis intimus Consiliarius actualis, omnium ad quorum manus praesentes venerint, maxime vero Graeci ritus Valachicis Sacerdotibus per Hungariam, Transylvaniam, partesque eidem annexas existentibus, salutem in Domino sempiternam. Notum facimus tenore praesentium, quibus expedit universis, quod alte libata Sacratissima Caesarea Regiaque Maiestas Leopoldus Primus Romanorum Imperator, semper Augustus, tam die 28. Augusti anni 1697, quam die 14 mensis Aprilis anni currentis, clementissime resolverit: Qui e Sacerdotibus Graeci ritus edita professione ad observantiam Graeci ritus apud Catholicos cum agnitione Summi Pontificis, se declaraverit, quod iisdem prorsus Juribus Privilegiis, Exemtionibus et Immunitatibus frui et gaudere debeat, quibus Sacerdotes Romano-Catholici, sive ritus Latini, juxta sacrorum Canonum Sancita, et divorum Regum Hungariae statuta, frui et gaudere dignoscuntur. Quam benignissimam suae Maiestatis Sacratissimae resolutionem intelligentes, (praeterquam quod ingenti gaudio perfusi sumus, quod viam vobis aperiri audiamus et videamus, quo ad avitum Ecclesiae Romano-Catholicae gremium, unionemque salvificam redire possitis), illud pariter muneris nostri et pastoralis curae, qua per Hungariam universam, uti et regna ac provincias eidem annexas, ut Primas Hungariae et Legatus natus fungimur, vique auctoritatis nostrae Archiepiscopalis Ecclesiae Metropolitanae Strigoniensis speciali Sacrae Sedis Apostolicae Privilegio Nobis concessae, esse duximus, ut Nostrum vobis omnibus ad unionem cum Ecclesia Romano-Catholica redeuntibus ac redituris, favorem et specialem in omnibus protectionem offeramus; quod etiam tanto efficacius praestabimus, quanto vos in dictae unionis professione ac conservatione ferventiores, ea nimirum omnia, quae Sancta Mater Ecclesia Romano-Catholica docet, profitetur et credit, privatim ac publice docendo, profitendo et credendo, speciatim vero quatuor illa puncta, in quibus hactenus potissimum deviasse videbamini, profitendo exstiteritis. Primo nempe: Romanum Pontificem esse caput universale totius diffusae per orbem Ecclesiae. Secundo: Panem azymum esse sufficientem materiam sumendae coenae Dominicae, seu Sacramenti Eucharistiae. Tertio: Praeter coelum, sedem Beatorum, et infernum, carcerem damnatorum, tertium dari locum, in quo animae defunctorum nondum expiatae, detinentur et purificantur. Quarto demum: Spiritum Sanctum, tertiam in Trinitate personam, a Patre et Filio procedere. Quod dum facitis non solum a Deo bonorum omnium largitore, in praesenti quidem vita, uberem suarum gratiarum influxum, ac largiorem etiam in temporalibus benedictionem, in futura vero aeternam felicitatem sperare poteritis: verum etiam speciali Augustissimi Caesaris favore, ex Regiae potestatis plenitudine, tum personae vestrae, tum Ecclesiae, reliquaque ad eamdem spectantia, Immunitate ac Exemtione pari condecoramini, qua Ecclesiae, Personae, resque Ecclesiasticae Latini Ritus, ex Sacrorum Canonum praescripto effective perfruuntur. Et siquis hoc suae Sacratissimae Maiestatis Decretum, ausu temerario contemnere, aut praedeclaratae huic Graeci Ritus unitorum Immunitati Ecclesiasticae, aperto vel occulto ullo sub praetextu, aut etiam praetensi usus et consuetudinis antequam unirentur, sub velamine contraire praesumeret, iisdem prorsus poenis, tum ab Ecclesiastici tum a Saecularis fori Judicibus, tum etiam ab Augustissimo Caesare, si opus fuerit, infligendis obnoxius erit et subjacebit, quas fidelium Latini Ritus Immunitatem Ecclesiasticam laedentes de jure ac consuetudine incurrunt. Ac insuper in huius Ecclesiasticae Immunitatis usu, universi Domini, Gubernium Regium, Magnates, Supremi et Vice-Comites Comitatuum, Judices Nobilum, Supremi Capitanei, ac Judices Regii, Siculicalium pariter ac Saxonicalium Sedium: omnes denique tum Ecclesiastici, tum Saecularis fori Judices et Justitiarii, si coram eis in praedeclarata Immunitate vos laesos esse questi fueritis, eorumque auxilium et assistentiam imploraveritis, judicium et justitiam non secus ac aliis Sanctae Matris Ecclesiae Fidelibus eadem lmmunitate gaudentibus, administrare debebunt et tenebuntur. Quodsi praestare intermitterent, Nobisque ac Successoribus nostris desuper relationem feceritis, ut malo tam evidenti, severiori etiam manu medela tempestiva adhibeatur, allaborabimus. Datum in Curia Commendae nostrae Maylbergensi Beneficiata, Viennae Austriae, die secunda mensis Iunii, Anno Domini millesimo sexcentesimo nonagesimo actavo.

Leopoldus Cardinalis a Kollonics. (L. S.)
Archiepiscopus Strigoniensis.

39. Die Verhältnisse, unter welchen der Priestermönch Athanasius zum Metropolit gewählt wurde, können wir uns trotz des Abganges schriftlicher Urkunden leicht vergegenwärtigen, wenn wir auf das sehen, was bei seiner Bischofsweihe sich zutrug. Man kann mit Bestimmtheit

sagen, daß der Patriarchalexarch in der Walachei von der Hinzeigung des verstorbenen Metropoliten Theophilus zur Treulosigkeit Kunde erhielt, daher der belobte Exarch auch für gut fand, den neugewählten Metropoliten an seinen Glauben und Beruf nicht nur durch den gewöhnlichen Schwur, sondern auch durch einen besonderen Unterricht zu fesseln, damit auf diese Weise die Kirche der roman. Nation in Siebenbürgen vollkommen berichtigt werde. Und da um diese Zeit der Patriarch von Jerusalem, Dositheus, in der Metropolie der Walachei gegenwärtig war, so unterzog sich der Patriarch selbst jener Belehrung des Theophilus, die auch für einen zweiten Eid angesehen werden kann. Die Weihe Athanasius geschah am 22 Januar 1698 zu Bukurest, bei welcher Gelegenheit derselbe folgenden Eid ablegte: Ich glaube an Einen Gott den Vater, der Alles erhält, der Himmel und Erde und alles Sichtbare und alles Unsichtbare geschaffen hat. Und an Einen Herrn Jesum Christum, den Sohn Gottes, den Eingeborenen, vom Vater vor aller Zeit Geborenen, Licht aus Licht, wahren Gott aus wahrem Gott, den Gezeugten, aber nicht Geschaffenen, Eines Wesens mit dem Vater, aus welchem Alles geschaffen worden. Der um unser, der Menschen und um unserer Erlösung willen vom Himmel herabgestiegen, der vom heil. Geiste und Maria der reinen Jungfrau empfangen und Mensch geworden und um unseretwillen zur Zeit des Pontius Pilatus gekreuzigt, gemartert und begraben worden und am dritten Tage auferstanden ist, wie die Schriften gesagt haben. Der gen Himmel aufgefahren ist und zur Rechten des Vaters sitzt und wiederkommen wird in Herrlichkeit, zu richten die Lebendigen und die Todten, dessen Reiches kein Ende ist. Und an den heil. Geist, den

Herrn, der das Leben bewirkt und vom Vater ausgehet und mit Vater und Sohn angebetet und gepriesen wird, der durch die Propheten geredet hat. An Eine heilige, allgemeine und apostolische Kirche. Ich bekenne Eine Taufe zur Vergebung der Sünden. Ich erwarte die Auferstehung der Todten und das ewige Leben, das sein wird. Amen. „Ferner lasse ich gelten und nehme an auch die 7 Heiligen Synoden, welche zusammengetreten sind, um die Grundsätze des christlichen Glaubens festzustellen. Ich bekenne in meiner Seele, vom Herzen gern gelten zu lassen und zu beobachten alle Kanones und Grundsätze, welche jene h. h. Väter, die damals den Konzilien anwohnten, und alle h. h. Satzungen und Lehren, welche zu ihren Zeiten durch die h. h. Väter festgestellt worden sind; was aber sie verworfen haben, das verwerfe auch ich und Alles, was sie angenommen, nehme auch ich an. Ich bekenne außerdem, den Frieden der Kirche wahren zu wollen und während meiner ganzen Lebenszeit nie und auf keine Weise etwas ihr Widriges zu sinnen, sondern im Ganzen zu folgen und mich zu beugen unter die guten Lehren meines hochwürdigen Herrn und Kirchenfürsten des ganzen Landes Ungrovlachien, Herrn Theodosius, und ich gelobe bei vollem Verstande, in göttlicher Liebe und in der Furcht Gottes, die mir anvertraute geistliche Heerde den heil. Kanonen und Lehrsätzen gemäß zu weiden, und soweit es mir möglich ist, mich von allen ungerechten und hinterlistigen Bosheiten rein halten zu wollen; ferner bekenne ich noch, alle Einrichtungen, welche der Stuhl Ungrovlachiens hat, in meiner ganzen Eparchie unverrückt aufrecht zu erhalten. (Folgt die Unterschrift also: Ich Athanasius, von Gottes Gnaden berufen zum heil. Episkopat des Landes Siebenbürgen habe hier mit meiner Hand unterfertigt *).

40. Die Belehrung, welche der Patriarch von Jerusalem Dositheus dem Metropolit Athanasius nach dessen Einweihung zum Bischofe zukommen ließ, bestand in folgendem: Dositheus von Gottes Gnaden Patriarch der heil. und großen Stadt Jerusalem und ganz Palästinas, nebst dem hochwürdigsten Metropoliten von Ungroblachien, Herrn Dionysius und den hier anwesenden Bischöfen, gebieten, Dir, dem hochwürdigsten Metropoliten von Siebenbürgen, Herrn Athanasius, der Du eben geweiht und zu Deinen Kirchenkindern heimgeschickt worden bist, Folgendes: Die unvergleichliche und menschenfreundliche Güte Gottes gegen uns hat uns wahrhaft viele Gelegenheiten und Mittel zum Heile geschenkt und er beruft uns auf mancherlei Weise zu seiner Huld und Gnade, und insbesondere ladet er uns ein und ermahnt uns zu seiner Liebe durch die festgestellten Satzungen, kanonischen Lehren und Gebote. Durch das Mittel der maßgebenden Ordnungen und Lehren begreifen und erkennen wir den Gesetzgeber selbst, Gott, nach den h. h. Schriften, und wenn wir unseren Wandel nach diesen seinen h. h. Geboten und Lehren einrichten, so wandeln wir ohne Hinderniß und Aergerniß auf dem Wege seines heil. Willens, indem wir mittels dieser seiner h. h. Gebote mit Sorgfalt alle Erkenntnisse und Bekenntnisse unseres reinen und fleckenlosen Glaubens bewahren. Durch eine derartige Beobachtung der h. h. gött-

---

*) S. den alten Kodex der Ordinationen, Seite 19. der Metropolie zu Bukurest von Lesbiodag, pag. 325—327.

lichen Gebote aber leuchtet die göttliche und glänzende Herrlichkeit und der Lichtstrahl unseres orthodoxen Glaubens Mittels dieser h. h. göttlichen Gebote werden Macht und Willkühr der Hinterlistigen und Bösen abgehalten und vereitelt, Raub und Habsucht und die Erhebung der Unterthanen gegen die Nächsten und Nachbarn, Streit und Zwietracht unter den Menschen beschwichtigt und fernegehalten, und bei denen, die Gottes Gebote halten, nehmen die guten und Gott wohlgefälligen Handlungen, nämlich der Friede, die Eintracht und die Liebe zu. Und so wie von der Bewahrung der h. h. Gebote Gottes alle anderen guten Handlungen ihre Richtschnur erhalten und durch die Leitung und Belehrung durch dieselben die Sitten und Gespräche und Gedanken der Menschen geschmückt und verherrlicht werden und bei den Wohlverständigen die Fülle der Wohlthaten zunimmt und die Gerechtigkeit ihre Macht ausübt, den friedlichen Zustand und die aufrichtige Eintracht zu leiten und zu wahren, so bringt gerade das Gegentheil, die Uebertretung und Mißachtung der h. h. Gebote Gottes bei den Bösen alle Ungerechtigkeit, Habsucht und die unersättlichen und unbezähmten Begierden, und statt des friedlichen Zustandes erzeugt sie bei den Uebertretern und Verächtern der h. h. Gebote Gottes Zwietracht und innere Kriege, — was Alles die Menschen zur Verzweiflung an ihrem Heile treibt. Indem nun der Unterricht und die Ueberwachung und Befolgung der göttlichen Gebote die Menschen von so vielen Uebeln befreit und erlöst, der Mangel an ihnen aber und die Entfernung von ihnen Alles, was dagegen ist, herbeiführt, darum: 1. kommt es Ew. Hochwürden zu, die Satzungen der heil. Konzilien, und der h. h. Väter mit offenen Armen anzunehmen und als von Gott geschriebenen Tafeln in Ehren zu halten und stets unberrückt und unverkürzt zu bewahren und zu wissen, daß Ihr den Geber und Lehrer der heil. Schrift und der h. h. Väter, der da ist der Tröster, der Geist der Wahrheit, zum Prüfer und Untersucher habt, und müssen Ew. Hochwürden der Obrigkeit und der Regierung, d. i. den politischen Einrichtungen nebst Eurer Heerde, nach der klaren Antwort der heil. Schrift, unterthan sein; 2. müssen Ew. Hochwürden das Wort Gottes den Serben und Russen sowohl an Sonn- als an sonstigen Feiertagen in slavischer, den Romanen aber romanisch sowohl in der Kirche, als bei Leichenbegängnissen, kurzum zu jeder Zeit und an jedem Orte, wo es nöthig ist, predigen, je nachdem Ihr die Fähigkeit der Verkündigung des Wortes Gottes besitzt; 3. müssen Ew. Hochwürden sorgen und wachen, zu Priestern ehrbare Männer zu wählen, deren priesterliche Würde durch vielerlei gute Werke geschmückt sei, und sollen auch diese in ihren Gemeinden das Wort Gottes lehren; denn der Priester, welcher nicht lehrt, d. i. nicht predigt, ist unwürdig und aus dem Priesterthum zu entfernen; 4. müssen Ew. Hochwürden oder die von Ihnen dazu Bestellten bei dem Predigen die heil. Schrift nicht anders auslegen, als wie sie die h. h. Väter erklärt und ausgelegt haben, da es von Anfang an für einen Glaubenssatz unserer Kirche gegolten hat, daß die Christen die heil. Schrift also verstehen, wie sie die h. h. Väter ausgelegt haben, nicht aber anders; 5. müssen Ew. Hochwürden Sorge tragen, daß die Liturgie, d. h. Oktoich, die Monats- und die anderen Bücher, aus denen an den Sonn- und Feiertagen gesungen wird, so wie die tägliche Liturgie ganz in slavischer oder griechischer, nicht aber in rom. Sprache oder anders gelesen werden *); 6. Ew. Hochwürden müssen das heil. Evangelium bei der Messe entweder slavisch oder romanisch lesen lassen, wie dasselbe gedruckt wurde in den Tagen des rechtgläubigen und erlauchten Herrn Joh. Konstantin Bessarabu, Fürsten von ganz Ungrovlachien; 7. Ew. Hochwürden müssen Sorge tragen, daß die 7 Sakramente der allgem. Kirche nach dem Gebrauche der Kirche und nach den Belehrungen und Anweisungen der h. h. Väter verrichtet werden, nämlich daß die Taufe im Nothfalle auch in der Wohnung vollzogen werden könne, und daß bei Mangel an einem Priester auch der Laie taufe, jedoch mit reinem Wasser, indem er sagt: Getauft wird der Knecht Gottes N. N. im Namen des Vaters und des Sohnes und des heil. Geistes. Wenn aber die Noth nicht drängt, dann soll die Taufe in der Kirche vollzogen werden; 8. soll das Kind allsogleich nach der Taufe auch mit dem heil. Oele gesalbt werden; 9. auch müssen Ew. Hochwürden dafür sorgen, daß sobald der Getaufte mit dem heil. Oele gesalbt worden, er auch durch die h. h. Sakramente erleuchtet werde; 10. müssen Ew. Hochwürden darüber wachen, bei dem Allerheiligsten Sakramente der göttlichen Messe Brod von reinem Waizen und gesäuert, und mit Wasser gemischter Wein dargebracht werde, und sowohl selbst bedenken, als auch alle Rechtgläubigen erwägen und bedenken lehren, daß ihre Vollziehung, d. i. die Verwandlung bei dem göttlichen Worte durch das Gebet und den Segen des Priesters geschieht, und daß alle Gläubigen, Priester und Laien, gleicherweise das Abendmahl unter beiden

---

*) Wie ersichtlich, war um diese Zeit die Uebersetzung des Oktoich und der Monatsbücher in's Romanische weder vollendet, noch kanonisirt.

Gestalten mit Brod und Wein, d. h. mit Leib und Blut nehmen; 11. müssen Ew. Hochwürden bei dem Sakramente des hochwürdigen Priesterthums, wenn Sie einen Priester oder Diakonus oder Hypodiakonus oder Lector weihen wollen, prüfen und wählen und die Würdigen nach dem Gebote der heil. Schrift und dem Gutachten der h. h. Väter vorziehen, auch darüber wachen, daß die Priester und Diakonen entweder unverheirathet oder ehelich verheirathet sind, und daß keiner derselben eine Wittwe oder Verstoßene oder Uebelberüchtigte zur Frau nehme; wenn aber ein Priester oder Diakonus nach der Weihe ein anderes Weib heirathet, so soll derselbe des Priesterthums enthoben sein und weder die Messe, noch irgend ein anderes Sakrament verrichten dürfen; 12. müssen Ew Hochwürden bei dem Sakramente der Ehe die Verwandtschaftsgrade nach den festgesetzten Canones beobachten und brei Tage im Voraus die Trauung, der Sitte und den anderen Rücksichten gemäß, verkündigen, die die siebenb. Kirche bisher in Betreff dieses Sakramentes beobachtet hat; 13. müssen Ew. Hochwürden für das Sakrament der Buße, d. h. für die Beichte fromme Priester, sowohl klösterliche als Säkulargeistliche wählen und anstellen, welche die Gedanken der Rechtgläubigen entgegennehmen und sie anleiten und auf den Weg führen können, welchen die allgemeine Mutter, die heil. Kirche Gottes verkündigt, lehrt und gebietet; 14. müssen Ew. Hochwürden es Sich angelegen sein lassen, daß die Rechtgläubigen bei priesterlichen Seelsorgern zu jeder Zeit, insbesondere aber in den vier Fasten des Jahres oder wenigstens in der großen Fastenzeit beichten; ebenso müssen Sie verordnen, daß die Beichtkinder die h. h. Sakramente, wann sie wollen, oft, oder wenigstens

viermal des Jahres, d. i. in den vier Fastenzeiten oder auf
das Wenigste und nothwendigerweise zu den h. h. Ostern
empfangen; 15. müssen Ew. Hochwürden verordnen, daß
die heil. Oelung an leiblich und geistig Kranken, jedoch nie
blos von einem, sondern von 7 oder wenigstens von 2 Priestern verrichtet werde; 16. müssen Ew. Hochwürden sorgen,
daß bei Bestattungen der Rechtgläubigen die Gesänge, Gebete,
Predigten und Alles geschehe, was von der allgem. Kirche eingesetzt und festgestellt worden, desgleichen sollen die Leichen-
male, Messen, Almosenspendungen zum Andenken an unsre,
in der Hoffnung auf Auferstehung entschlafenen Väter und
Brüder in derselben Weise erfolgen, wie die apost. Kirche
von den h. h. Vätern es überkommen und bis auf diesen
Tag bewahrt hat; 17. Ew. Hochwürden kommt es zu, für
die geweihten Gefäße und Kleinode Sorge zu tragen, und
zwar in der Art, daß an allen Kirchen der heil. Kelch und
Diskus vorhanden sei, ebenso die h. h. Bilder, welche nicht
nur zur Zierde der Kirche, sondern zur Verehrung da sind,
wie dies die 7-te ökum. Synode feststellt, auf daß denselben
Küsse und Niederbeugung, doch keine Anbetung, wie sie Gott
gezollt wird, dargebracht werden, sondern eine solche, wie sie
dem verehrten und lebenbewirkenden Kreuze, den h. h. Evan-
gelien und den anderen geweihten Kleinoden und den Weih-
rauch- und Lichterspendungen erwiesen werden; denn wir
beugen uns nicht schlechthin vor dem Bilde, sondern vor dem
Gottgefälligen, der auf dem Bilde gemalt ist; 18. müssen
Ew. Hochwürden das Volk an dies von den Vätern geerbte
Glaubensbekenntniß, d. i. daran erinnern, daß es Einen
wahren Mittler für die Menschen bei Gott, unseren Herrn
Jesus Christus gibt, der uns, sitzend zur Rechten Gottes

und des Vaters erlöset hat, daß wir daher bei diesem unseren Herrn Jesus Christus zu Mittlern und Fürbittern die h. h. Apostel, Propheten und Märtyrer, so wie Andere, der Lehre der heil. Schrift und der h. h. Väter gemäß, haben müssen; 19. müssen Ew Hochwürden das Volk belehren, daß die Grundlage unseres Heiles der orthodoxe Glaube ist, und daß ohne diesen kein Mensch selig werden kann, daß aber dem Glauben das christliche Leben, d. i. die guten Werke nachfolgen, ohne welche, wie im Briefe des Apostels Jakobus geschrieben steht, der Glaube todt ist; es muß demnach jeder Christ den orthodoxen Glauben unverletzt halten, doch nach Vermögen sich auch der Gott wohlgefälligen Werke befleißigen; 20. Da aber, nach dem seligen Petrus, es unter den Propheten auch falsche Propheten und unter den Aposteln auch falsche Apostel gegeben hat, und da es auch unter den Christen falsche Christen gibt, wodurch nothwendigerweise bald Streitigkeiten, bald Zweifel, bald um der Glaubenssätze, bald um des Wandels Willen herbeigeführt werden: so müssen Ew. Hochwürden in Gemäßheit der Satzungen der h. h. Apostel und der ökumänischen Concilien zweimal oder wenigstens einmal im Jahre Synoden halten und müssen auf diesen Synoden in Gemäßheit der heil. Schrift, der Canones, der Concilien und der Einrichtungen der h. h Väter forschen und untersuchen, um die Betrübnisse und Hindernisse wegzuräumen, die Zweifel zu durchschneiden und so den Frieden der Kirche wiederherzustellen. Sollte es aber einen Zweifel an etwas Wesentlichem geben und Ew. Hochwürden und die Synode sollten nicht im Stande sein ihn zu zerstreuen, dann sollen Sie, mag der Zweifel einen oder mehrere Gegenstände betreffen, ihn schriftlich und genau

aufnehmen laſſen und dem jeweiligen Metropoliten von Ungrovlachien zu wiſſen geben, wo dann die Lehrer und Weiſen
zu unterſuchen, zu erforſchen, die Zweifel kraft der h. h.
Canones zu heben und die Antwort direkt Ew. Hochwürden
zuzuſtellen haben ſollen. Sollten aber die ſtrittigen Fragen
auch das Entſcheidungsrecht des Metropoliten von Ungrovlachien und der Synode überſteigen, dann ſollen Ew. Hochwürden dieſelben dem hochheiligen Patriarchen von Konſtan-
tinopel zu unterbreiten haben, Seine Heiligkeit aber und
deſſen große und heil. Synode werden gewiß und unverzüglich die Zweifel beſeitigen und die Entſcheidungen eiligſt
durch den Vater Metropoliten von Ungrovlachien Ew. Hochwürden zukommen laſſen. Dieſer Weg, um die Zweifel der
Kirche von dieſſeits zu heben, iſt Beſchluß des vierten ökum.
Conzils von Chalcedon, wo die Synode im 9. und 17.
Canon ausdrücklich ſagt: Sollte ein Zweifel entſtehen, dann
ſoll bei dem Conzile der Eparchie angefragt werden: ſollte
aber Seitens der Eparchialſynode der Zweifel nicht gelöſt
werden, dann ſoll der Exarch, für Ihre Eparchie alſo
der Metropolit von Ungrovlachien befragt werden; ſollte
endlich die Frage auch bei dem Exarchen nicht gelöſt werden können, dann ſoll ſie der Patriarch von Konſtan-
tinopel zu entſcheiden haben; 21. um die Rede nicht
in die Länge zu ziehen, gebieten wir Ew. Hochwürden, die
Dogmen, Sakramente und Gebräuche der orient. Kirche unverrückt zu bewahren, wie ſie vor Augen liegen; denn klar
und rein verkündigt ſie die heil. Schrift und unzweideutig
lehren ſie die gottbeſeelten Väter, kurzgefaßt enthält ſie aber
auch das Buch, welches den Titel „das rechtgläubige Bekenntniß" führt, und unlängſt in's Romaniſche übertragen

und gedruckt worden ist. Weil aber die romanische Sprache arm an Ausdrücken ist, so sollen Ew. Hochwürden, wenn irgend ein Wort oder irgend ein Satz in der roman. Uebersetzung schwer verständlich ist, die Lösung und Erklärung im hellenischen Texte nachsuchen; 22. zum Letzten aber von Allem sagen wir, daß es Ew. Hochwürden, nachdem Ihr durch die göttliche Gnade berufen seid und das Joch des Evangeliums auf Eueren Hals geladen habt, zukommt, die Euch vom allerheiligsten Geiste anvertraute Heerde evangelisch und väterlich zu weiden und Euer Leben für die Schafe hinzugeben. Die in das Dunkel der Sünde Hineinstürzenden sollt Ihr zum Lichte zurückführen, Eure Hände sollt Ihr von Ungerechtigkeiten, gewaltsamer Habsucht und der großen Sünde der Simonie, d. i. der Bezahlung der Ordinationen rein halten, und für die Weihen der Priester, Diakonen und anderer Cleriker weder Geld, noch sonstige Geschenke, weder im Voraus, noch nach der Ordination annehmen; denn Gott läßt sich nicht täuschen. Den Bedrückten sollt Ihr Hülfe leisten, den Betrübten auf den Weg helfen, den Mittellosen nach besten Kräften Trost gewähren; Ihr sollt Euch freuen mit den Fröhlichen und weinen mit den Weinenden, sollt in Fasten und Gebeten zu Gott anhalten, Tag und Nacht reine Hände zu Gott erheben, sollt über die Euch anvertrauten Seelen wachen und deren Erlösung von Oben erflehen, so wie Ihr über dieselben Rechenschaft werdet ablegen müssen, wie der selige Paulus lehrt; Ihr sollt Euch Allen in Wahrheit als Beispiel des guten Werkes und der guten Sitte bewähren, auf daß vor den Leuten Euer Licht leuchte; und so werdet Ihr der Kirche zur Zierde und Dem zum Preise gereichen, der sein Blut für dieselbe vergossen hat,

Christo, unserem wahren Gotte, zu dem wir hoffen und flehen, Euch nach langem Greisenalter zu der den Heiligen bereiteten Seligkeit gelangen zu lassen, wo die gehoffte Ruhestätte Aller sein wird, in Christo Jesu, unserem Herrn. Denn Er ist der Geber und Vergelter alles Guten, und Ihm gebührt Preis, Ehre und Anbetung von Ewigkeit zu Ewigkeit. Amen. — Gegeben zu Bukarest, im Jahre 1698, im Monate Januar. Dositheus, von Gottes Gnaden Patriarch der heil. Stadt Jerusalem. Demüthiger Athanasius, Bischof des siebenbürgischen Landes *).

41. Nachdem Athanasius auf diese Weise zum Bischof geweiht und durch den Patriarchen Dositheus von Jerusalem und den Metropoliten Theodosius von Ungroblachien mit dem Schilde des Glaubens ausgerüstet worden war, kehrte er in sein Vaterland zurück, nahm seinen Stuhl ein und begann die Lenkung der Kirche Gottes. Doch fing der neue Metropolit leider sogleich nach dem Antritte seines Hirtenamtes, gleich dem morschen, vom ersten Winde zur Erde gestürzten Aste eines gesunden Baumes, in seiner Orthodoxie an zu wanken, und war nur darauf bedacht, wie er den Clerus und das Volk auf seine Seite zöge, um dann den Schritt zur Union mit dem röm. Stuhle wirklich zu thun, wozu ihn vornämlich das Schreiben des Erzbischofs Collonics von Gran und die Zusicherungen gleicher Rechte mit der katholischen Kirche durch den Jesuiten Paul Barani

---

*) Diese wichtige Urkunde fand ich in der Kirchengeschichte von Lesviodax, wo auf Seite 340 zu lesen ist: Diese Belehrung wurde gedruckt, wie sie geschrieben stand in der alten Chronik der Ordinationen (in der Metropolie von Ungroblachien).

verleiteten, und so ließ er am 7. Juli 1698, nämlich sechs Monate nach seiner Weihe zum Bischof, eine Kirchenversammlung in Karlsburg zusammentreten. Ueber die Wirksamkeit dieser Synode besitzen wir keine zuverlässigen Daten; wenn wir aber aus den Folgen schließen dürfen, dann können wir nur behaupten, daß der Durchführung der Union mannigfache innere und äußere Schwierigkeiten in den Weg traten.

42. Indessen war der kaiserl. Regierung berichtet worden, daß das romanische, griechische und ruthenische Volk in Ungarn, Kroatien, Slavonien, so wie auch in Siebenbürgen den Uebertritt zur Union mit dem röm. Stuhle begonnen habe; daher erließ die kaiserl. Regierung auf Grund dieser Berichte im Jahre 1699 unter dem 16. Februar nachstehendes Patent zu Gunsten der Union: Wir Leopold, von Gottes Gnaden erkorener röm. Kaiser, zu allen Zeiten Mehrer des Reiches, König von Deutschland, Ungarn, Böhmen Dalmazien, Kroazien, Slavonien, ꝛc. Erzherzog von Oestreich, Herzog von Burgund, Brabant, Steiermark, Krain, Markgraf von Mähren, Herzog von Luxenburg, Ober- und Unterschlesien, Württemberg und Teschen, Fürst von Suevien, Graf von Habsburg, Tyrol, Kyburg, Görz ꝛc. thun zu wissen hiedurch Allen, denen es sich gebührt, daß die kirchliche Freiheit, deren sich die Kirchen und die Kirchenpersonen und deren Sachen nach göttlichem und menschlichem Rechte insbesondere in Unserem apost. Königreiche von Ungarn und in den damit verbundenen Ländern und Provinzen erfreuen, durch die allergnädigsten Privilegien der seligen Könige, Unserer Vorjahren glorreichen Andenkens und durch die Verfassungen des Königreichs bestätigt sind und es Unserer k. k. Majestät (als dem, der Wir das besondere Vorrecht eines

6*

apost. Königs unter den christlichen Königen besitzen), zukommt, dieselben aufrecht zu erhalten und zu beschützen, und es hat Uns recht gedünkt, daß diejenigen, welche derselbe Glaube und dieselbe Liebe zur Einheit der heil. kath. Kirche verbunden hat und welche von ihr gleich gehorsamen Söhnen in demselben Schooße der heil. Mutter gehalten werden und unter demselben Haupte als Glieder desselben Leibes leben und derselben göttlichen und menschlichen Gnade theilhaftig sind, daß dieselben, sagen Wir, ihres Rechtes nicht beraubt werden. Nachdem Uns aber mit aller Gewißheit kundgethan worden, daß die Nation der Romanen, Griechen und Rusniaken, die bisher mit dem Schisma befleckt war, durch göttliche Eingebung begonnen hat, in verschiedenen Gebieten Unserer Königreiche von Ungarn, Kroazien, Slavonien, so wie Siebenbürgen und den damit verbundenen Theilen zur Union und in den Schooß der heil. römischen Kirche zurückzukehren und Alles anzunehmen, zu bekennen und zu glauben, was die heil. Mutter, die röm. kath. Kirche, annimmt, bekennt und glaubt, besonders aber jene vier Punkte, in Betreff deren sie sich bisher getrennt hatte: 1. daß der röm. Bischof das allgemeine Oberhaupt der ganzen christlichen Kirche in der Welt ist; 2. daß das ungesäuerte Brot vollgeeignet ist für das Mahl des Herrn oder das Mysterium der Eucharistie; 3. daß es außer dem Himmel, dem Sitze der Seligen, und der Hölle, dem Kerker der Verdammten, noch einen dritten Ort gibt, wo die noch ungereinigten Seelen gereinigt werden; 4. daß der heil. Geist, die dritte Person in der Trinität, vom Vater und vom Sohne ausgeht: indem wir also der eifrigen Pflicht eines apost. Königs entsprechen wollen: so proklamiren wir kraft der Fülle Unserer königl.

Auktorität, daß die Kirchen, Kirchenpersonen und Kirchensachen der Unirten des griech. Ritus in den vorerwähnten Königreichen von Ungarn, Kroazien und Slavonien, so wie auch in Siebenbürgen und den damit verbundenen Theilen sich derselben kirchlichen Freiheit erfreuen sollen, deren sich in Wahrheit die Kirchen, Kirchenpersonen und die Sachen der Gläubigen des latein. Ritus, nach dem Gebote der h. h. Kirchensatzungen und nach der Bewilligung, den Zugeständnissen und den Privilegien der irdischen Fürsten erfreuen. Und in Bezug hierauf gebieten wir streng und unter Androhung Unseres königlichen Zornes, daß, von Veröffentlichung dieses Freibriefes an, Niemand, welches Standes, Ansehens, Würde, Vorrechtes und Macht immer, sich unterfange, der vorhin ausgesprochenen kirchlichen Freiheit der Unirten des griech. Ritus weder offen, noch insgeheim oder unter irgendeinem Vorwande oder unter Berufung des vor eingegangener Union bestandenen Brauches, sich zu widersetzen, noch auch sich unterfange, die mit der röm. Kirche unirten Priester als Unterthanen zu betrachten, zu herrschaftlichen Arbeiten, zu irgendwelchen Frohndiensten, selbst nicht, unter dem Titel von Ehrendiensten anzuhalten oder dieselben um der gedachten Union willen einzuziehen oder zu verfolgen oder von ihrem Platze, Benefizium oder aus der Pfarre auszustoßen, bei denselben Strafen seitens der Kirchen- und Civilobrigkeiten, ja wenn es die Noth erheischt, selbst seitens Unserer Majestät, denen die Uebertreter der kirchl. Freiheit der Gläubigen des lat. Ritus unterworfen sind. Und dieses gebieten Wir allen Unseren Getreuen, Prälaten, Magnaten, Edlen, Richtern, und Rechtsprechern des Kirchen- und Civilforums und allen Ständen aus den vorerwähnten Königreichen und aus Siebenbürgen und Unseren übrigen Unterthanen, zu denen dieses gelangen wird, Gegenwärtigen wie Zukünftigen, insbesondere den Generälen, Statthaltern und den Anderen jeglichen Ortes, auf daß, wenn die oft erwähnten Unirten grich. Ritus sich bei Euch über Verkürzung ihrer vorhin ausgesprochenen kirchl. Freiheit beklagen und Eueren Beistand beanspruchen, ihr dieselben gegen jedweden Uebertreter dieses Privilegiums unterstützet, schützet und schirmet. Auch wollen und gebieten Wir, daß das oben Gesagte und darauf dieses kaiserl. und königl. Diplom und dieses Unser Mandat durch die Obergespane, Vizegespane und Richter der Adeligen in allen Komitaten Ungarns, Kroatiens, Slavoniens und Siebenbürgens, dann durch die Oberhauptleute, kön. Richter in den Seckler- und Sachsenstühlen, wo Unirte des griech. Ritus wohnen, in den General- und Stuhlsversammlungen veröffentlicht werde, damit es zur Kenntniß Aller, denen es zukömmt, gelangen könne. Sollte dagegen Jemand muthwillig ihm zuwiderhandeln, dann sollt ihr Uns allsogleich Bericht erstatten, auf daß wir einem so augenscheinlichen Uebel auf das Schnellste und Strengste abhelfen können. Anders zu thun unterfange sich keiner Unserer Getreuen. Außerdem gebieten Wir, daß den Transsumten dieses Diplomes, geschriebenen oder gedruckten, sobald sie von einer Person mit kirchl. Auktorität und von einem öffentlichen Notare unterfertigt sind, derselbe Glaube beigemessen werde, als wenn das Original eingereicht worden wäre. Und nachdem es gelesen worden, wollen Wir, daß es dem Vorzeiger zurückgestellt werde. Zur Bestätigung und Bezeugung ist dieser Urkunde Unser doppeltes geheimes Siegel, dessen Wir Uns als König von Ungarn bedienen, angehängt worden. Gegeben durch die Hand Unseres getreuen, geliebten, in

Christo hochverehrten Vaters, des Herrn Leopold, Presbyterkardinals der heil. röm. Kirche mit dem Titel des heil. Hieronymus der Illyrer von Kollonics, Erzbischofs der Metropolitankirche zu Gran, des obersten und beständigen Obergespanes dieses Ortes und Komitates, Primas von Ungarn, gebornen Legaten, Obersekretären und Oberkanzlers und Unseres Geheimrathes, in Unserer Stadt Wien in Oestreich, am 16. des Monats Februar, im Jahre des Herrn 1699, Unseres röm. Königthums das 42, Ungarns und der anderen das 44, Böhmens aber das 43=ste. Leopold m. p. Leopold Kardinal von Kollonics, Erzbischof von Gran. Graf Samuel Kalnoki.*)

43. Dies kaiserliche Patent beschwichtigte die Furcht unserer Priester und Laien, die um jeden Preis bei ihrer väterlichen Religion bleiben wollten, nicht nur nicht, sondern brachte auch bei vielen Genossen anderer Religionen Mißvergnügen hervor; und da der größte Theil der Grundherrn der reformirten Religion angehörte, und es ihnen wohl erwünscht gewesen wäre, wenn die Metropoliten Theophil und Athanasius sich zur reformirten Religion hingeneigt hätten: so suchten sie etliche der Uebertrittswilligen auch zu ihrer Religion hinüberzuziehen. So ward denn dem kaiserl. Hofe ein Bericht des Inhalts unterbreitet, daß viele von den Romanen sich mit anderen Religionen uniren, viele wiederum bei ihrer alten Religion verbleiben wollen. Die kaiserl. Regierung erwiderte durch ein Restript vom 6. August 1699, das es den Romanen freisteht, sich mit welcher immer von den rezipirten Religionen zu vereinigen oder bei der bisherigen

---

*) Magasinul istoricu 285—293.

zu bleiben, wie unter dem 14. April 1698 ausgesprochen worden sei. — Der Zeitraum dieser zwei Jahre, binnen welcher sich zwei Metropoliten an die Spitze stellten, um jene Kirche zu stürzen, die sich unter so mannigfachen Bedrängnissen mehrere Jahrhunderte zu erhalten gewußt hatte, bietet uns den hinreichenden Beweis, wie endlich das stiefmütterliche Geschick unserer Kirche in Siebenbürgen selbst deren Oberen zu verleiten begann, welche ihrem Berufe und den großen Vorbildern ihrer Vorfahren gemäß die Wächter der Heiligkeit und Unversehrtheit der bedrückten Kirche hätten sein sollen. Doch war es auch für die zwei Oberhirten, die sie verlassen wollten, kein Leichtes, ihre Gläubigen mit auf ihre Seite zu ziehen; hatte doch Theophilus schon 1693, nachdem er Metropolit geworden, die Sache der Union begonnen, und war dieselbe bis zum Erscheinen des kaiserl. Dekretes vom 6. August 1699, also nach 6 Jahren, noch nicht zum Abschluß gekommen! Dieser Umstand ist ein glänzendes Zeugniß von der Treue und Anhänglichkeit des roman. Clerus und Volkes an die Orthodoxie der orientalischen Kirche, die der Romane bis auf den heutigen Tag als ein von seinen Vorfahren geerbtes geistiges Kleinod betrachtet.

44. Dieses religiöse Gefühl des roman. Clerus und Volkes suchten die Feinde unserer Kirche zu verheimlichen, und schrieen in alle Welt, die Romanen stünden unerschütterlich in der Union mit der Kirche Roms. In Folge davon ordnete das Landesgubernium Kommissäre aus Katholiken und Reformirten an, welche die Dörfer durchziehen und den Sachverhalt sorgfältig in Augenschein nehmen sollten. Ueberdies erließ das Gubernium, mit vollständiger Einwilligung auch der Katholiken, unter dem 26. September 1699,

folgendes Restript: I. In Siebenbürgen reichen selbst für die größten roman. Ortschaften zwei roman. Priester hin, in den kleineren aber genügt zum Behufe des Kirchendienstes auch blos Einer; es ist daher unnöthig, daß sie eine größere Anzahl von Geistlichen haben. II. Dem Bischofe soll es nicht gestattet sein, per abusum, oder für Geld unwürdige Personen zu Priestern zu weihen, sondern blos denjenigen, der durch eine bestandene Prüfung seine Tüchtigkeit zu diesem Berufe bewähren wird, bei der Prüfung aber sollen nicht blos der Bischof, sondern auch von jener Kirche oder dem Bischofe jener Religion, mit der die Union erfolgen soll, bestellte Pfarrer zugegen sein, doch soll unnöthigerweise selbst auf diese Art die Zahl der Geistlichen nicht vermehrt werden; III. Zu diesem Behufe soll der sich zum roman. Priester Bestimmende, da die Romanen keine guten Schulen haben, in der Schule jener Religion, mit der er sich vereinigen will, den Unterricht genießen: widrigenfalls er die Priesterweihe nicht empfängt; IV. Die Geistlichen, welche keine Pfarren haben, werden als personæ liberæ angesehen, und sollen, wenn sie keinen Grundbesitz haben, auf dem sie unbeschadet der Grundherrn und Anderer leben könnten, in Klöstern leben, bis sie Pfarren bekommen; V. Insgemein sollen, gleich den Priestern anderer Religionen, welche, wenn sie, außer den zum Pfarrhause gehörenden, noch sonstige Grundstücke besitzen, den Grundherrn den Zehnten entrichten müssen, falls diese ihn nicht freiwillig erlassen, auch die roman. Pfarrer der oben erwähnten Exemtion gleich den Kirchendienern jener Religion, mit der sie die Union eingehen werden, theilhaftig sein; VI. Da körperliche Züchtigung auch den Laien verboten ist, und Jeder nach Maßgabe der Art und

Größe seines Vergehens oder der Gesetze und Ordnungen des Vaterlandes dem Urtheile und der Strafe der Gerichte untersteht, so sollen die Romanen auch bezüglich der gerichtlichen Verhandlungen über die Vergehen Seitens der geistlichen Personen Eins werden, und soll, wie gegen die Priester anderer Religionen, also auch gegen die der Romanen verfahren werden, wie aus dem 1. Th. Tit. 5, Art. 5 der Approbaten zu ersehen ist. Gegen jene roman. Geistlichen aber, welche sich mit keiner anderen Religion geeinigt haben, sondern in ihrem früheren Zustande verharren, soll das alte Verfahren beibehalten werden; VII. Bezüglich der Exkommunizirung wird der roman. Bischof ermahnt, ähnliche Exzesse weder sich selbst zu erlauben, noch den Geistlichen zu gestatten, sondern hierin der Religion, mit der er die Union eingehen will, zu folgen.

45. Diese Verordnung des Landesgouvernements ist das treue Abbild der Demüthigung der Hierarchie, und Athanasius soll auch mit der ganzen Synode der Romanen aus Siebenbürgen der Landesstelle diesen Protest eingereicht haben: Wir Unterfertigte, der Bischof und die Erzpriester der mit der röm. kath. unirten Kirche des griechischen Ritus, thun zu wissen hieburch Allen, denen es zukommt, insonderheit dem königl. Gubern von Siebenbürgen und den Ständen dieses Landes, Gegenwärtigen, wie Zukünftigen, daß Wir freiwillig, frei und aufrichtig das huldreiche Dekret Sr. kaiserl. Majestät vom 14. April, so wie auch das allergnädigste Diplom Allerhöchstderselben vom 16. Februar l. J. und ebenso das neue Dekret Sr. k. k. Majestät vom 30. Februar d. J., welches auch dem königl. Gouvernement zugestellt worden, begrüßt haben; es sind uns aber einige

Artikel zugekommen, welche nicht nur dem Dekrete Sr. Majestät zuwiderlaufen, sondern auch selbst die Freiheit der kath. Religion und deren Mitglieder verletzen und prostituiren. Wir verwahren uns feierlich gegen alle jene Gubernialartikel und nehmen Niemand zum Untersucher und Nachforscher an, als blos Jene, die von Sr. Majestät als apostol. König und Sr. Eminenz dem Kardinal und Erzbischof von Gran, Primas von Ungarn und obersten Hirten in den Ungarn untergebenen Ländern, bestellt sein werden; diese aber wollen wir nicht nur in tiefster Ehrfurcht und aufrichtig anerkennen, sondern auch gerne aufnehmen. Wir protestiren überdies auch in kraft des darauf geleisteten Eides, daß wir uns von der Union mit der röm. kath. Kirche nicht zurückziehen, noch eine Union mit einer andern, der röm. kath. entgegenstehenden Religion schließen wollen. Zur gewichtigeren Erhärtung und Bekräftigung dessen, haben wir das Siegel der Universalsynode beigedrückt. Alba-Julia am 30. September 1698. Wir der Erzbischof mit der ganzen Synode der Romanen in Siebenbürgen *). Wenn wir auch dieses Schriftstück als geschichtliche Urkunde angeführt haben, so sind wir doch zur Bemerkung gedrungen, daß wir demselben wenig Glauben beimessen können; denn am Ende desselben heißt es: „gesiegelt mit dem Siegel der Universalsynode." Dieser Ausdruck verträgt sich mit der Natur der Eparchialsynoden nicht; denn die Eparchialsynode ist die Versammlung mehrerer Mitglieder der Eparchie, d. h. sie ist die lebendige Eparchie und kann kein anderes Siegel haben, als das der Eparchie; sobald die Synode sich nämlich ein Siegel machen ließe über das der

---

*) Magazinul istoricu pag. 299—301.

Eparchie, würde sie sich über die Eparchie erheben, aus deren Gliedern sie besteht, und so wie sie sich über die Eparchie erhöbe, wäre sie nicht mehr in der Eparchie, d. h. in ihrem Elemente, würde somit ihre Wirksamkeit verlieren, nachdem sie ja schon vorhin das Element verloren hätte, aus dem sie besteht. Es kann folglich das Siegel einer Eparchialsynode kein anderes sein, als das der Eparchie selbst, b. i. das des Bisthums. Ferner bietet uns die Urkunde keine Gewähr für ihre Echtheit wegen der Unterschrift, die gelautet haben soll: „Wir, der Erzbischof nebst der ganzen Synode der Romanen in Siebenbürgen." Daß eine ähnliche Unterschrift in einem Akte der Kirchensynode die größte Anomalie wäre, daran dürfte kaum Jemand zweifeln. Außerdem findet auch sonst zwischen dem Eingange und der Unterschrift der Urkunde ein großer Widerspruch statt; dort heißt es: „Wir der Bischof und die Erzpriester ꝛc." hier aber: „Wir der Erzbischof nebst der ganzen Synode der Romanen in Siebenbürgen," b. h. der Bischof und die Erzpriester sprechen in dem Schriftstück, dasselbe Schriftstück unterfertigt aber der Erzbischof und die Synode; der zweite Widerspruch besteht darin, daß der Oberhirte sich Eingangs „Bischof," in der Unterschrift aber „Erzbischof" nennt. Aus allen diesen Gründen glauben wir bloß, daß Athanasius obigen Protest im Namen des Clerus und des Volkes, ohne mit dem Eparchial-Clerus und Volke eine Synode gehalten zu haben, eingereicht hat, und zwar sind Wir davon um so mehr überzeugt, weil Athanasius im roman. Clerus und Volke ganz wenige Anhänger hatte.

46. Unsre Meinung, daß Athanasius im roman. Clerus und Volke wenige Anhänger hatte, wird auch durch den Inhalt des kaiserl. Patentes vom 12. Dezember 1699

beglaubigt, worin es heißt: Den Romanen steht es völlig frei, sich mit einer der vier rezipirten Religionen in Siebenbürgen zu uniren oder in ihrem bisherigen Zustande zu bleiben, und sollen sich dieselben der Privilegien jener Religion erfreuen, mit welcher sie die Union eingegangen sind, oder deren, welche sie in ihrem jetzigen Zustande genießen." Diese Stelle wäre gewiß in das kaiserl. Patent nicht aufgenommen worden, wenn die Gesinnung der Erzpriester und Romanen in Siebenbürgen also gewesen wäre, wie sie uns die Schrift des Athanasius vom 30. September 1699 darstellen möchte. Wir schöpfen somit die Ueberzeugung, daß die Sache der Union auch noch am 12. Dezember 1699 in Frage gestellt war; denn an diesem Tage erschien folgendes Patent: Leopold, von Gottes Gnaden gewählter röm. Kaiser, 2c. Erlauchte, Verehrte, Hochgeborne, Edle, Weise, Umsichtige, Getreue, Liebe! Ihr erinnert euch zweifelsohne Unseres huldreichen Erlasses vom 14. April 1698, so wie des am 6. August 1699 wiederholten, in denen Wir ernstlich verordnet haben, daß es den Romanen völlig frei stehen solle, entweder sich mit einer der vier in Siebenbürgen rezipirten Religionen zu uniren oder im Zustande der Religion zu beharren, der sie jetzt angehören; ferner, daß sie sich eben derselben Privilegien zu erfreuen haben sollen, deren sich die Religion erfreut, mit der sie die Union eingehen werden. Nun aber haben Wir mit dem größten Mißfallen in Erfahrung gebracht, daß nicht nur Unseren vorerwähnten huldreichen Erlässen zuwidergehandelt wird, sondern etliche Störer des öffentlichen Friedens es sich heraussuchmen, das Gerücht auszustreuen, als sei es Unsere Absicht, die gedachten Romanen zur Union mit der kath. Kirche zwangsweise zu verhalten. Demnach wollen Wir euch hieburch Unseren kaiserl. Willen, Gesinnung und Absicht kundgeben, nach welchem es ben vorerwähnten Romanen völlig frei steht, sich mit einer der vier in Siebenbürgen rezipirten Religionen zu vereinigen oder in ihrem jetzigen Zustande zu verharren, und daß sie sich entweder der Privilegien der Religion, mit welcher sie sich uniren werden, oder aber deren zu erfreuen haben sollen, welche die Romanen in ihrem jetzigen Zustande genießen. Und soll somit unter Androhung Unseres Zornes Niemand wagen, die Romanen in dieser Freiheit zu stören oder zu belästigen, im Gegentheil sollen die Widerspenstigen, wenn sich die Bedrückten ordnungsgemäß beklagen, bestraft und soll den Beeinträchtigten nach Gebühr Recht und Gerechtigkeit widerfahren. Da es sonach Unser Wille ist, daß Jedermann friedlich in seiner Religion, laut Unserem königl. Diplome, leben dürfe, so gebieten Wir Euch wiederum huldreich und nachdrücklich, daß ihr nicht nur Unsere vorerwähnte Erklärung in der ganzen Provinz veröffentlichen lasset, sondern auch allen Eifer daran wendet, der Beachtung dieses gnädigen, Unsererseits gegebenen Erlasses Eingang zu verschaffen, wie es den eifrigen und getreuen Räthen zukommt, und daß Ihr euch demselben nach Gebühr unterwerfet. Im Uebrigen versichern Wir Euch Unserer k. k. Huld. Gegeben in Unserer Stadt Wien in Oestreich, am 12. Dezember des Jahres 1699, Unseres röm. Königthums das 42., Ungarns das 44., Böhmens das 43. Leopold, Julius Friedr. Graf von Bucelle. Auf höchsteigenen Befehl Sr. königl. Majestät Joh. Theodor von Wiesenberg *).

---

*) Magazinul istoricu pag. 301—304.

47. Wir haben mehr als einen Grund zu glauben, daß der amtliche Verkehr zwischen dem Exarchate von Bukarest und dem Metropolitanstuhle von Siebenbürgen in diesen Zeiten nicht nur nicht abgebrochen war, sondern mit allem Ernste betrieben wurde, was schon daraus hervorgeht, daß der Fürst der Walachei Johann Konstantin Bessarabn dem Athanasius bischöfliche Gewänder und am 13. Juni 1700 dem Erzbistum von Siebenbürgen die Herrschaft Mariseni im Kreise Argisiu in der Walachei kraft des folgenden Diploms schenkte: Ich Johann Konstantin Bessarabn, von Gottes Gnaden Fürst und Herr von ganz Ungrovlachien, schenke der heiligen und hochwürdigen Metropolie von Alba-Julia und dem Erzbistum von Siebenbürgen, welches die allerheiligste Dreifaltigkeit zum Schutzpatron hat, und dessen in der Länge der Zeit verfallene erzbischöfliche Residenz Unser im Herrn entschlafener Vorgänger, Fürst Johann Michael von Grund aus wieder aufgebaut hatte, so wie auch dem hochverehrten Vater, dem Metropoliten Athanasius und der gesammten Synode der heil. Metropolie das im Mariseni'er Felde im Kreise Argisiu gelegene Gut mit allem Grund, Feld, Wald, Gewässer und Baumwuchs und allen vorhandenen Einkünften. Es hat daher Unsere Herrlichkeit dem hochverehrten Vater Athanasius, Metropoliten von Siebenbürgen, und der gesammten Synode der Metropolie diese Schrift Unserer Herrlichkeit nebst allen Kaufkontrakten dieser Realitäten derart verliehen, daß derselbe mit vollem Rechte dieses Eigenthum in dem Felde, das Mariseni genannt wird, nebst allen Einkünften, von der einen bis zur anderen Grenze habe und besitze. Gegeben in der Stadt Unseres Fürstenthums Bukarest, am 15. Juni, Unseres Fürstenthums das 12.,

seit Erschaffung der Welt das 7208-te und seit der Geburt Unseres Herrn Jesu Christi das 1700-te. Johann Konstantin, B. B. Stefan Kantokusino, Minister.

48. Das schöne Geschenk, welches unsere Metropolie aus der Walachei empfangen hatte, machte auf die Gegner unserer Orthodoxie einen tieferen Eindruck, als auf Athanasius selbst. Mußten sie doch besorgt sein, ihre achtjährigen Anstrengungen könnten vereitelt werden! Daher begannen sie mit verdoppelten Kräften den Athanasius in das Netz der völligen Apostasie zu locken, was ihnen auch gelang. Athanasius soll *) auf den 4. September 1700 alle Erzpriester, Priester, Edle und Altmänner der Städte und Dörfer von ganz Siebenbürgen und den damit verbundenen Theilen ins Kloster zur heil. Dreifaltigkeit nach Karlsburg zu einer Synode berufen und 1. die Sitzung vom 4. September mit einem Vortrag über den Vortheil der Union mit der Kirche Roms eröffnet haben. Der größte Theil des Clerus soll sich zur Union geneigt gezeigt; die Adeligen aus dem Fogarascher Gebiete ohne Schwierigkeit sich dazu haben überreden lassen, doch nicht also die Bewohner des Hunyader Komitates, des Hermannstädter Stuhles und des Kronstädter Distriktes; trotzdem sollen aber auf die vielfältigen Vorstellungen der Anderen auch diese nachgegeben haben. 2. In der Sitzung vom 5. September soll darüber verhandelt worden sein, daß außer den vier Punkten Nichts weiter angenommen werde; Ritus und Disziplin sollten wie bisher bleiben und nur das aus ihnen weggelassen werden, was dem röm. kath. Glauben zuwiderlaufe. Ferner sei beschlossen

---
*) Theil III. des Mag. ist. des A. T. Laurianu, Seite 207 x.

worden, es solle der Metropolit, jeder Erzpriester in Gegenwart seines Geschworenen, dann zwei Priester als Kommissäre und drei Altmänner aus jeder Gemeinde als Deputirte im Namen des ganzen Distriktes unterschreiben. Der Akt selbst sei in diesen Worten formulirt worden: Wir Unterfertigte der Bischof, die Erzpriester und der ganze Clerus der roman. Kirche in Siebenbürgen und den damit verbundenen Theilen, thun zu wissen hiedurch Allen, denen es zukommt, insonderheit den Ständen des Landes Siebenbürgen, daß wir in Erwägung sowohl der dahinrauschenden Unbeständigkeit des menschlichen Lebens, als auch der Unsterblichkeit der Seele, (für welche vor Allem Sorge getragen werden muß), frei und freiwillig und aus dem Antriebe des göttlichen Namens die Union mit der röm. kath. Kirche eingegangen sind, und erklären uns hiedurch für Glieder der h. röm. kath. Kirche, indem wir Alles annehmen, bekennen und glauben, was sie annimmt, bekennt und glaubt, vornämlich aber jene vier Punkte, in Betreff deren wir bisher getrennt schienen, und die uns durch das gnädige Dekret und das Diplom Sr. kaiserl. Majestät, so wie durch das Sr. Eminenz des Erzbischofs vorgelegt worden, und wollen sonach), daß wir uns aller jener Rechte und Privilegien erfreuen, deren sich auch die Priester dieser heil. Mutter, der Kirche, den Gesetzen der früheren ungar. Könige gemäß erfreuen; ähnlicherweise sollen nun auch wir kraft des vorerwähnten Dekretes Sr. k. k. Majestät und Sr. Eminenz des Erzbischofs uns derselben fortan als Mitglieder derselben Kirche erfreuen. Zur größeren Beglaubigung und Bezeugung dessen haben wir dieses unser Manifest mit der eigenhändigen Unterschrift und mit dem Siegel des Klosters von Alba-Julia, endlich mit den eigenen, gebräuchlichen Siegeln versehen. Alba-Julia am 5. September 1700. (L. S.) Metropolit Athanasius, dann folgen die Unterschriften von 54 Erzpriestern und 1563 Priestern.

49. Ferner soll *) in der Sitzung vom 14. September 1700 der Metropolit folgende Disziplinarpunkte zur Genehmigung vorgelegt haben, welche alle an der angeführten Stelle also stehen: Jahr des Herrn 1700, September 14. Da zu dieser Zeit in der Metropolie zu Karlsburg (Alba-Julia) große Synode von allen Erzpriestern des siebenbürgischen Landes, welche Romanen sind, war, so haben Wir, der Bischof Athanasius unseren Wunsch gegen die Synode in folgenden Punkten ausgesprochen und gebieten auf das Nachdrücklichste allerorten, in den Comitaten, Stühlen und den vereinigten Landestheilen: den Erzpriestern, Priestern, Laien, welche Romanen, Griechen, Serben sind, und in diesem Lande, Siebenbürgen genannt, leben: als Willen des Bischofs: 1. Wenn der Bischof und die geschworenen Räthe des Bischofs einen Tag für die Synode aller Erzpriester des Landes ausschreiben, dann soll sich jeder Erzpriester nebst zwei alten Priestern am festgesetzten Tage auf der Synode einfinden, und soll jeder Pfarrer dem Erzpriester an Reisekosten zwei Sechser geben; wenn sie aber Einer nicht geben sollte, dann sollen ihn der Erzpriester und die zwei Aeltesten pfänden; sollte aber der Erzpriester sich am bestimmten Tage nicht einfinden, dann soll er des Amtes entsetzt und mit 66 fl. bestraft werden. 2. Die Kandidaten, welche Priester werden wollen, sollen erst zum

---
*) Magazin. istor. Tom. III pag. 312—317.

Erzpriester gehen und sich ein Zeugniß ausstellen lassen und auch vom Seelsorger ein Zeugniß haben, und sollen dieselben den Psalter verständlich können, ebenso die Gesänge und alle Sakramente der Kirche; und bevor er bei der Metropolie 40 Tage lang gewesen, soll der Bischof keinen weihen; eine Pfarre aber soll ihm der Erzpriester suchen und soll derselbe dem Erzpriester ein Fuchsfell geben; 3. Die Priester, welche aus anderen Ländern kommen, sollen nicht aufgenommen werden, bevor sie ein Schreiben vom Bischofe vorzeigen. Ebenso sollen die Priester, welche in andere Eparchien gehen, nicht aufgenommen werden, es sei denn sie hätten vom Erzpriester einen Schein darüber, daß sie ehrbare Leute sind und ihre Steuern gezahlt haben; der Erzpriester aber, der nicht also handelt, soll vom Bischof mit einer Strafe von 24 fl. belegt werden. 4. Die Erzpriester sollen draußen im Lande oder in den Eparchien keine Ehescheidungen vollziehen, außer wenn in Alba-Julia große Synode ist; wenn's aber Einer thut, so soll er aller Ehre verlustig werden und obendrein Strafe zahlen. 5. Wenn ein Priester Ueberläufer aus anderen Gemeinden und das Kirchenkind eines andern Priesters oder Geschwister traut, so soll er des Priesterthums enthoben werden. 6. Die Kandidaten, welche Hurer oder Diebe gewesen sind, sollen die Weihe nicht empfangen dürfen. 7. Wenn Laien gewaltsam in das Haus des Priesters oder zu dessen Frauen oder dessen Vieh, ohne Vorwissen des Bischofs oder Erzpriesters eindringen, so sollen sie für gottlos gehalten werden, bis sie Rechenschaft ablegen, und wessen die Schuld ist, den trifft die Strafe der großen Synode, 66 fl. 8. Die Priester, welche kein Barett haben, oder sich in den Wirthshäusern oder betrunken auf den Märkten herumtreiben, und keine langen Kleider tragen, sollen des Priesterthums verlustig werden.' 9 Wenn der Priester sich mit einem Laien un Prozesse befindet, so soll, wenn der Priester den Laien anklagt, er denselben vor dessen Gerichtsbarkeit, vor den Richter oder die Obergespäne fordern; wenn aber der Laie den Priester anklagt, dann soll er ihn vor dessen Gerichtsbarkeit vor den Erzpriester oder den Bischof laden. 10. Der Priester, welcher die Gemeinde eines anderen Priesters usurpirt oder dessen Einkünfte schmälert, oder ihn vor der weltlichen Gerichtsbehörde verklagt, soll geschoren werden. 11. Die Gemeinde, welche den Kirchenvater von den Gemeindelasten nicht freihält oder gar keinen Kirchenvater hat, soll von der Religionsgemeinschaft ausgeschlossen sein, bis sie einen Kirchenvater aufstellt und ihn aller Lasten und Auslagen der Gemeinde überhebt 12. Die Gemeinde, welche an den Pfarrer nicht Familienweise einen Haufen Weizen, ein Viertel Hafer und zwei Arbeitstage entrichtet, soll keinen Pfarrer haben, der Pfarrer aber soll, wenn er sich eigenmächtig Recht schafft, abgesetzt werden. 13. Der Pfarrer, der an Sonn- und Feiertagen nicht dreimal, Mittwochs aber und Freitags nicht zweimal und in der Fastenzeit nicht alle Tage Gottesdienst hält, soll des Priesterthums enthoben werden. 14. Die Pfarrer sollen, so viel sie können, den Gottesdienst romanisch verrichten, damit die Christen das Evangelium und die Legende verstehen; wer aber nicht alle Sonn- und Feiertage aus dem Predigtbuche predigt, soll mit 12 fl. bestraft werden. 15. Die Leute, welche an Sonn- und Feiertagen, wenn sie zu Hause und gesund sind, nicht zur Kirche und Messe gehen, sollen vom Pfarrer und Richter und den Geschworenen im ersten Falle mit einem, und wer auch zum zweitenmale nicht kommt, mit 3 fl. bestraft werden; kommt er aber auch zum drittenmale nicht, so soll er gleich einem Heiden derart aus der Kirchengemeinschaft ausgestoßen werden, daß selbst zu seinem Leichenbegängnisse der Priester nicht gehe, desgleichen soll es denen ergehen, welche das Vater Unser, das Glaubensbekenntniß und die Gebote nicht können, gleichviel ob sie alt oder jung sind. 16. Die zum zweiten Male verehlichten Priester sollen auf keinen Fall Messe lesen, wenn aber Einer befunden würde, der es thut, so soll derselbe geschoren werden und ganz Laie sein. 17. Der Priester, der ohne heil. Oel tauft, soll der Priesterwürde verlustig werden. 18. Von den Feiertagen sollen die im Horologion mit Roth bezeichneten und jene, welche einen Polyeleos'gesang und ein Evangelium haben, gehalten werden; wer aber die Festtage anderswie hält, soll mit einer Geldstrafe von 12 fl. belegt werden. 19. Wenn die Erzpriester eine Eparchialsynode halten und ein Pfarrer erscheint auf der Synode nicht, so soll derselbe vom Erzpriester und den zwei ältesten Priestern und seiner Synode mit 6 fl. bestraft werden, außer im Falle, daß sie krank wären. 20. Die Ehepaare, welche ohne Beiziehung des Priesters verlobt worden, sollen nicht getraut werden, bevor sie es zur Kenntniß des Bischofs oder des Erzpriesters gebracht haben. 21. Die Leute, welche die vier Fastenzeiten nicht beobachten oder bei Fischfasten, an Mittwochen und Freitagen, nicht ordnungsgemäß fasten, sollen aus der Kirche ausgestoßen werden, bis sie sich vom Priester und von der Gemeinde Verzeihung erbeten haben. 22. Die wirklichen Priester, welche auf welche Art immer Tabak rauchen, sollen mit 12 fl. bestraft werden 23. Der Priester, der auf die

Seele oder Religion schimpft, soll des Priesterthums entsetzt, der Laie aber einem Heiden gleichgeachtet werden. 24 Wenn in einer Kirche das Bildniß Christi, das der heil. Mutter und das des heil. Nikolaus fehlt, so soll der Priester mit 12, die Gemeinde aber mit 24 fl. bestraft werden. 25. Die Priester, bei denen die Kirchengewänder ungewaschen oder kürzer als bis zum Knöchel, oder die Kelche oder andere Geräthe schmutzig vorgefunden werden sollten, sollen mit 24 fl. bestraft werden. 26. Den Priestern, welche den Allerhöchsten Kaiser Ignatius und unseren gekrönten König Josef Leopold und den Bischof von Siebenbürgen bei dem Gebete nicht erwähnen, wird die Gnade des Priesterthums entzogen werden. 27. Wenn in einer Eparchie oder Gemeinde schlechte Leute, als Räuber, Ehebrecher und andere Uebelthäter sich finden, so sollen diese zur Bestrafung den Händen der Obrigkeit überliefert werden; und so lange sie sich mit der Kirche nicht aussöhnen, so lange sollen sie nicht aufgenommen werden, sondern exkommunizirt sein. 28. Die Gemeinde, in welcher an Sonn- und Feiertagen Tänze, Aufzüge auf den Straßen und dergleichen stattfinden, soll mit 12 fl. bestraft werden. Diese 28 Punkte oder Gesetzvorschläge, welche der Metropolit der Synode vorlegte, wurden mit zwei Modifikationen in Betreff des zweiten und vierten Punktes angenommen. Was Letzteren anbelangt, so weist die Synode darauf hin, wie es unmöglich sei, daß die Erzpriester blos auf Hauptsynoden in Karlsburg Ehescheidungen vornehmen, da die Synode blos einmal im Jahre zusammenträte, Anlässe zu Ehescheidungen aber im Laufe des Jahres viele vorkämen, und wie der Umstand, daß derlei Angelegenheiten blos einmal im Jahre entschieden werden

sollten, zu vielen Gefahren an Leib und Seele Anlaß geben
könne. Hätten doch auch die Landesgesetze bestimmt, „daß
obwohl es einige Zeiten im Jahre gäbe, in denen sonst kein
Gericht gehalten werden dürfe, für die Eheangelegenheiten
dennoch keine Zeit das ganze Jahr hindurch verboten sein
solle." Ebenso eröffnete die Synode in Betreff des zweiten
Punktes, daß mit der verständlichen Kenntniß des Psalters
von den in die tiefen theologischen Wissenschaften nicht ein-
geweihten Kandidaten zu viel verlangt werde, da der Psalter
ein Buch sei, über dessen Verständniß an gar manchen Stellen bis auf den heutigen Tag selbst die scharfsinnigsten
Theologen im Streite seien und nicht übereinstimmen könnten. Außerdem aber könne die Verpflichtung der Kandidaten:
ihre Würdigkeit durch den Seelsorger nachzuweisen, zwei ge-
waltige Vergehen gegen das Mysterium der Beichte hervor-
rufen, namentlich, daß entweder der Kandidat seine Sünde
nicht beichte, oder daß der Seelsorger die gebeichtete Sünde
dem Bischof mittheile, — eine Forderung, auf die einzugehen
dem Priester in keinem Falle gestattet sei. Und so berich-
tigte der Metropolit diese zwei Punkte durch folgende, den
angeführten Beschlüssen nachträglich angehängte Worte: Doch
haben wir gestattet: „Die Erzpriester sollen mit Vorwissen
des Bischofs Ehescheidungen vollziehen, die Kandidaten sollen,
wenn sie würdig und wohlunterrichtet sind, geweiht werden."

50. Athanasius soll *) nach dieser Ordnung der
Angelegenheiten in Siebenbürgen sich nach Wien zum Kaiser
begeben haben, von demselben mit gebührender Ehrerbietung
aufgenommen und mit einer goldenen Kette, einem Kreuze

---
*) Magaz. istor. Tom. III. 317—321.

und dem Bildnisse des Kaisers dekorirt worden sein, wie dieses das Bestätigungsdiplom bezeugt: Wir Leopold von Gottes Gnaden röm. Kaiser, beständiger Augustus ꝛc. thun zu wissen hieburch Allen, denen es zukommt, daß Wir bei Unserer Sorgfalt für die Wahl der geistlichen Hirten Unserer getreuen Unterthanen und in Erwägung der hohen und besonderen Verdienste Unseres Getreuen, Athanasius, Bischofs des griechischen Ritus in Siebenbürgen und den damit verbundenen Theilen, so wie seiner geistigen Gaben, seiner Gelehrsamkeit und seines musterhaften und Allen wohlgefälligen Lebenswandels, Betragens und der anderen Tugenden, mit welchen ihn, wie Wir aus dem Berichte Unserer hohen Minister vernommen haben, der Allerhöchste ausgestattet hat, Uns entschlossen haben, diesen Bischof als eine würdige und verdienstvolle und Uns genehme Person zum Bischof der roman. Nation in Siebenbürgen und den damit verbundenen Theilen, zum Prälaten und Oberhirten des gedachten roman. Volkes, an die Stelle des letztverstorbenen Bischofs Theophilus, nach dem königl. Patronatsrechte, zu ernennen, welches Wir kraft des Rechtes der gewesenen Könige von Ungarn, Unserer Vorfahren glorreichen Andenkens in Bezug auf die Verleihung aller Kirchenwürden und Benefizien aus Unserer Provinz Siebenbürgen und den damit verbundenen Theilen besitzen und ausüben: ferner denselben in die Zahl der Räthe aufzunehmen und ihm jenes Episkopat nebst allen Rechten, Nutznießungen und Einkünften jeglicher Benennung zu geben, welche von Rechtswegen und von Alters her jenem Bischofe zustehen, und ihn in die Verwaltung des Episkopats durch Unser Thesaurariat in der Provinz Siebenbürgen einzuführen. Und aus Unserer besonderen k. k. Liebe, mit welcher

Wir dem gedachten Bischof zugethan sind, und um seine und seiner Nation Ehre und Achtung willen haben Wir denselben mit einer goldenen Kette, geschmückt, mit dem Kreuze und Unserem k. k. Bilde dekoriren und beehren wollen, welche auch auf die anderen Bischöfe, seine Nachfolger, übergehen soll, unter der Bedingung jedoch, daß derselbe in Allem, was recht und erlaubt ist, sowohl dem Oberhaupte der heil. röm. Kirche, als auch Uns und dem Erzbischofe von Gran, dem Gegenwärtigen wie Zukünftigen, untergeben und getreu sei, daß der Bischof selbst wie seine Nachfolger das jetzige Glaubensbekenntniß auch künftighin bewahre, ebenso auch alle Priester dieses Ritus, welche sich des Episkopats und der übrigen Benefizien werden erfreuen wollen, und welche die Bestätigungsbriefe erst von Uns, als dem apostol. König empfangen werden, die ihnen durch Unsere siebenbürgische Hofkanzlei zugestellt werden sollen. Kraft und Zeuge dieses Unseres Schreibens. Gegeben in Unserer Stadt Wien in Oestreich am 19. Tage des Monates März im Jahre des Herrn 1701, Unseres röm. Königthums dem 44., Ungarns dem 46., Böhmens des 45. Leopold m. p. Graf Samuel Kalnoki. Johann Fiat m. p.

51. Bei dem ersten Anblicke dessen, was durch Athanasius auf der vorerwähnten Synode soll verhandelt worden sein, kann man den Zweifel an der Aechtheit desselben nicht unterdrücken; denn in der Unterfertigung der Synode vom 4. September 1700 heißt es, wie wir sahen, die Urkunde der Synode sei von 54 Erzpriestern und 1563 Priestern unterschrieben worden; ja was noch mehr ist, Einige *) wollen wissen, es seien außer den Erzpriestern

---

*) Magaz. istor. Tom. III. pag. 312.

und Priestern auch je drei Laien aus jeder Gemeinde berufen worden, denen sich noch eine Menge Romanen aus allen Gegenden angeschlossen hätten, um den Ausgang der Union zu sehen, und nur nachdem sie sich überzeugt, daß der Ritus und die Kirchendisziplin unverändert wie früher bleiben werden, sich beruhigt und die Union angenommen hätten. Die Geschichtschreiber *) erzählen, es seien an demselben Tage an 20,000 roman. Familien übergetreten. Wäre diese Urkunde glaubwürdig, so hätte Athanasius bei seiner Rückkehr aus Wien gewiß nicht nöthig gehabt, zu Hatzeg am 18. Juli 1701 Folgendes zu schreiben: Wir von Gottes Gnaden Athanasius, Erzbischof und Metropolit des Karlsburger (Alba-Juliuser) Stuhls und des ganzen Landes Siebenbürgen 2c. im Jahre des Herrn 1701, am 16. Juli. Als zu Karlsburg große Synode von allen Erzpriestern des siebenbürgischen Landes war, haben Wir unsere schriftliche Erklärung in Glaubenssachen in die Hände der Erzpriester in dem Hunyader Komitate, zu Hunyad wohnhaft, des Erzpriesters Georg und des Erzpriesters Johann gegeben und allen Priestern und Laien des Hunyader Comitates, welche der griech. und roman. Religion angehören, eröffnet, wienach die Religion des gnädigsten Kaisers und die vier Punkte, die Wir angegeben haben, Niemand verhöhne, sondern so wie wir bisher nach der Vorschrift der griech. und roman. Satzungen gelebt haben, auch fortan die Kirchen von Hunyad und alle Kirchen aus dem Hunyader Comitate nebst allen Priestern und Laien leben und sich in Betreff aller kirchlichen Einrichtungen halten sollen, ohne hiezu zuzusetzen,

---

*) Wir möchten diese Geschichtschreiber gerne kennen lernen.

noch hinwegzunehmen. Sie sollen aber auch Uns gehorsam sein, wie sie den früheren Bischöfen und denen, die für ihre Wohlfahrt sorgten, gehorsam gewesen sind. Hievon lassen Wir Allen die Kunde zukommen, denen es sich gebührt, und bestätigen es mit Unseren Unterschriften und Siegeln, mit denen Wir Unsere schriftlichen Ausfertigungen beglaubigen. Geschrieben zu Alba-Julia, am 18. Juli im Jahre 1701. (L. S.) Bischof Athanasius m. p. (L. S.) P. Ladislaus Báránÿi m. p. (L. S.) Franciscus Belusi Societatis Jesu Residentiæ Albensis Superior m. p. (L. S.) Andreas Horváth Residentiæ Societatis Jesu Claudiopolitanæ Prior m. p. Wie der Herr Bischof erlaubt hat, also sei's geschrieben: Notarius Basilius Daian m. p.

52. Wenn es wahr wäre, daß, wie gesagt worden, an dem einen Tage der Synode nebst den 54 Erzpriestern und 1563 Priestern noch 20,000 roman. Familien zur Union übergetreten seien, dann wäre am 13. Februar 1702 kein Dekret erschienen, worin verordnet wird: „Nachdem die Nation der Romanen, Griechen und Rusniaken, welche bisher mit dem Schisma bestreckt waren, in verschiedenen Gegenden der Königreiche von Ungarn, Kroatien, Slavonien, dann Siebenbürgens und der damit verbundenen Theile durch Eingebung Gottes angefangen hat, zur Union und in den Schooß der heil. röm. Kirche zurückzukehren: so wird von der kaiserl. Regierung erklärt, daß die Kirchen, Personen und Kirchensachen der Unirten des griechischen Ritus in den genannten Königreichen von Ungarn, Kroatien und Slavonien, so wie auch von Siebenbürgen sich derselben kirchlichen Freiheit erfreuen sollen, deren sich in Wahrheit die Kirchen, Personen und Kirchensachen der Gläubigen des lat. Ritus

erfreuen, und Niemand soll sich unterfangen, sich der vorhin erklärten kirchlichen Freiheit der Unirten des griechischen Ritus zu widersetzen, oder die unirten Priester als Unterthanen zu behandeln oder zu herrschaftlichen Arbeiten oder zu Frohndiensten anzuhalten."

53. Wir halten uns in Betreff dieses, für uns so hochwichtigen Gegenstandes von jeder Leidenschaft ferne und beschränken uns auf die Ansicht, daß der Metropolit Athanasius und etliche von den Erzpriestern, Priestern und Laien die Union angenommen, diese aber eine sehr geringe und unbedeutende Zahl ausgemacht haben mögen. Unsre Meinung tritt auch der Ansicht entgegen, als hätten die Kalviner den Romanen von der Union abgerathen, wie diese Ansicht ein Geschichtschreiber zu begründen sucht, indem er sagt *): „Weil aber, nachdem die Romanen in Siebenbürgen nebst ihrem Erzbischof und dem ganzen Clerus diese Union mit der röm. Kirche eingegangen sind, es nicht an Kalvinern gefehlt hat, welche nach dem Beispiele der Katholiken einige von den roman. Priestern zur Union mit den Kalvinern geneigt zu machen suchen: so habe ich hier den Beweis liefern wollen ɪc. Es scheint uns, als sagte dieser Geschichtschreiber nicht die Wahrheit, wenn er schreibt, daß die Kalviner nach dem Beispiele der Katholiken etliche von den roman. Priestern zum Kalvinismus hinüberzuziehen suchten, weil in diesem Falle auch die Lutheraner guten Grund gehabt haben würden, roman. Priester zu ihrer Religion zu locken, was aber nirgend angedeutet wird. Daher behaupten wir, daß die Kalviner nicht als Kalviner, sondern als Aristokraten

---

*) Quia vero postquam Valachi etc.

die Union zu hintertreiben suchten, um nicht, unter dem Vorwande der Union, katholische Priester auf ihren Ortschaften sich herumtreiben zu sehen und um nicht etwa, wenn sie Unirte unter ihren Unterthanen hätten, den unirten Pfarrer von den Frohnleistungen freisprechen zu müssen, wie dies Alles durch das kaiserl. Diplom vom 16. Februar 1699 war anbefohlen worden. Die Wahrheit dieser Annahme ergibt sich aus den Verhältnissen der damaligen Zeit, nach welchen während der Einführung der Union in Siebenbürgen die Aristokratie aus Edlen der kalvinischen Religion bestand und es katholische Adlige kaum hie und da einen gab. Auch heutzutage noch ist die Zahl der Aristokraten reformirter Religion in Siebenbürgen größer, als die der katholischen, wiewohl letztere später, und wesentlich durch jene romanischer Nation ziemlich angewachsen sind. Hieraus folgt, daß, wenn der erwähnte Schriftsteller behauptet, die Kalvinisten seien der Ausbreitung der Union entgegengetreten, er sich mit kluger Vorsicht ausdrückte, indem er eigentlich die ungr. Aristokratie darunter verstanden haben mag. Doch kann man auch im Allgemeinen die Behauptung Einiger, derzufolge sogleich auf der Synode vom 4. September 1700 alle Erzpriester, Priester und Christen in Siebenbürgen übergetreten sein sollen, nicht für richtig gelten lassen; denn in dem kaiserl. Diplome vom 9. März 1701 werden blos Athanasius und seine Nachfolger, so wie alle Priester desselben Ritus, welche des Episkopats und der anderen Benefizien würden theilhaftig werden und sich erfreuen wollen, unter die Jurisdiktion des Erzbischofs von Gran gestellt; diese Stelle wäre ganz sicher präciser stylisirt worden, wenn unsre ganze Kirche sich unirt haben sollte. Und so liefert denn diese Stelle den

Beweis dafür, daß Athanasius die Union eingegangen war, und daß er selbst, wie alle Nachfolger und die Priester, welche sich uniren würden, jener Benefizien theilhaftig werden sollten, deren sich der lateinische Clerus erfreue. Das Schicksal der Anderen, welche ihre altväterliche Kirche nicht verlassen hatten, war schon mittels Patentes vom 14. April 1798 *) entschieden worden.

54. Der traurige Zustand des romanischen Clerus und Volkes, welche ungeachtet der materiellen Vortheile, die für die Geistlichkeit, nicht aber auch für die Laien in Aussicht gestellt wurden, standhaft bei ihrer alten Orthodoxie verharrten, verschlimmerte sich noch dadurch, daß ihnen das Recht, ihren eigenen Bischof zu haben, benommen wurde. Aus diesem Grunde nahmen sie ihre Zuflucht theils zu dem Metropoliten von Bukarest und dem Bischofe von Rimnik in der Walachei, theils zu dem moldauischen Metropoliten, der seinen Sitz damals in Suceava hatte, wohin auch heutzutage noch unsere Christen aus den Gegenden von Kövar, Dees und Bistritz wallfahrten, um ihre Andacht dem heil. Johann von Suceava, dessen Reliquien in der dortigen Hauptkirche, der gewesenen Metropolie, aufbewahrt werden, zu bezeigen; ebenso wendeten sie sich an den Bischof von Radaucz in der Bukowina und an das karlowitzer Metropolitanat, welches nicht lange vorher errichtet worden war, und suchten bei diesen Bischofssitzen geistlichen Trost. Unterdessen war Athanasius gestorben und der erste mit Rom unirte Bischof war Johann Pataki. Unter diesem trat ein, eine Zeitlang verschwunden gewesener Mönchspriester Dositheus

---

*) siehe §. 37 aus diesem Werke.

Zirca, geboren in Gimbucz, im untern Kreise des Karlsburger Komitats, unter unsern Christen mit der Behauptung auf, daß er die Bischofsweihe in der Walachei empfangen und als ein nach den kirchlichen Satzungen geweihter Bischof der orthodoxen Religion, Willens sei, diejenigen, die die Union nicht eingegangen sind, zu trösten. Einige wollen wissen, daß unser Clerus und unsere Christen den Dositheus Behufs der Bischofsweihe in die Walachei geschickt haben, dies kann aber für eine Erfindung angesehen werden. Thatsache ist, daß wenige unserer Geistlichen und Christen in seine Orthodoxie Vertrauen gehabt haben, — was sich zuletzt dadurch gerechtfertigt hat, daß Dositheus, da ihm die prätendirte Bischofsstelle Seitens des Bischofs Pataki bestritten wurde, die unirte Bischofsstelle von Marmaros aunahm, wo er auch gestorben ist. Daß dieser Dositheus zum Bischof geweiht gewesen sei, davon geschieht in der Chronik aller übrigen bei dem Erzbisthume der Walachei geweihten Bischöfe, keine Erwähnung, — daher ist es auch kaum zu glauben, daß er die Bischofsweihe dort empfangen habe.

55. Die neue Hierarchie der unirten Kirche, um ihren Bestand besorgt, konnte in dem Eifer derer, die sich in der Aufrechthaltung der orthodoxen Kirche auszeichneten, nur eine Gefahr erblicken, weßwegen sie auch für gut fand, auf Befehl des Klausenburger Rektors des Jesuitenordens, welcher, da damals die Bischofsstelle verwaist war, die Oberaufsicht über die unirte Kirche hatte, am 5 November 1728 eine Kirchenversammlung zu halten. Auf dieser wurde beschlossen: I. Den Pfarrer Mailat aus Schona Repser Bezirks, der angeblich die Union gehemmt haben sollte, bei dem Rektor zu verklagen und diesen zugleich zu bitten, die

Bestrafung des gedachten Pfarrers Mailat bei der politischen Behörde zu erwirken. II. In Anbetracht der Excesse, die sich die schismatischen Geistlichen durch den Abfall von der Union und durch die gewaltsame Besitznahme der unirten Kirchen zu Schulden kommen lassen, wurde beschlossen, daß Nikolaus der Archidiakon von Benia und Ladislaus Hatas Pfarrer zu Fogaras, oder an der Stelle dieses, ein anderer vom Rektor Ernannter mit zwei ihnen zur Verhütung jeglicher Störung von dem Gouvernement dem kommandirenden General beigegebenen Kanzellisten, eine Untersuchung vornehmen sollten. III. Daß alle Erzpriester mit den ihnen untergeordneten Geistlichen Distriktual-Versammlungen halten, und alle diejenigen, die von der Union abgefallen sind, dem Herrn Rektor anzeigen sollen. IV. Daß den Mönchen die Spendung der heil. Sakramente, ja selbst das Lesen der Predigt untersagt werden solle, da sie viele Ungehörigkeiten und viele Wirren im Volke verursachten, zugleich solle an die Landesstelle die Bitte gestellt werden, die Mönche aus dem Lande zu verweisen. V. Daß Niemand von den Unirten seine Kinder in schismatische und häretische Schulen schicke, und daß der Erzpriester oder der Priester und der Laie, der dieser Verordnung nicht Folge leisten werde, mit einer Geldstrafe, Ersterer von 24 fl., Letzterer von 12 fl. belegt werden sollen.

56. Ein Eremit Namens Besarion, der nach Karlowitz kam, um die dortigen und die im Banate befindlichen Klöster zu besuchen, und der seine Reise durch Ungarn und Siebenbürgen nach den Donaufürstenthümern fortzusetzen wünschte, erhielt vom Erzbischofe Arsenius Joannovics in

in serbischer und lateinischer Sprache folgenden Empfehlungsbrief: Vorzeiger dieses, welcher nach seiner glaubwürdigen Angabe im Maydaner Distrikt in Bosnien, von den dermalen zu Konstainitza in Kroatien lebenden Eltern Maxim und Maria geboren, sich dem Einsiedlerleben gewidmet, vor zwei Jahren mehrere heil. Orte, den heil. Berg Athos, um die dort aufbewahrten heil. Reliquien zu besichtigen und zu verehren, ja auch die heil. Stadt Jerusalem besucht hat, von wo er zurückgekehrt in dem benachbarten Kloster des heiligen Sabbas die höchste Mönchsweihe empfangen, seinen Namen Nikolaus in Besarion umgeändert hat, mit Genehmigung seiner Vorgesetzten hierher gekommen ist, und von besonderem Eifer beseelt an den heil. Orten zu leben, wieder in die erwähnte heil. Stadt und nach den heil. Orten zu gehen beabsichtigt, — hat Uns inständigst gebeten, sein Vorhaben zu billigen, und ihm dieses Empfehlungsschreiben zu seiner größeren Sicherheit auf die Reise zu geben. Indem Wir seine, zur Ehre Gottes gestellte Bitte gewähren, empfehlen Wir denselben Besarion Allen und jedem Einzelnen mit der gebührenden Achtung, und ersuchen zugleich, ihn überall nicht nur seine Reise ungehindert und unbeanstandigt fortsetzen zu lassen, nach Kräften zu unterstützen und in Unglücksfällen in Schutz zu nehmen, sondern ihn auch für einen wahren Bekenner unserer griechisch-orthodoxen Religion zu halten und anzuerkennen. Die ihm gewährte Gunst werden Wir durch Unser Gebet und Segen zu vergelten bestrebt sein. Gegeben in Unserer Residenz Karlowitz, den 12. Februar 1742. Arsenius IV. m. p. Mit diesem Empfehlungsschreiben kam Besarion nach den Klöstern des Banates, von dort nach dem von Hobos in der Arabet

Diöcese und nach Lipova, von wo aus er den Weg nach Siebenbürgen einschlug, Dobra, Deva, Broos durchreiste und die Reise durch Hatzeg nach der Walachei antrat. Obwohl dieser Eremit seine Reise in der reinsten Absicht, seine Andacht in den Klöstern zu verrichten, unternommen hatte; so erblickten in ihm doch Manche einen Störer des Religionsfriedens, und da unsere Christen die Kunde von seiner Reise verbreiteten und ihn überall mit Ehren und Pietät empfingen, so schrieb man ihm Hochmuth zu und gab seinen Worten den Stempel des Aberglaubens.

57. Obwohl auf dem siebenbürgischen Landtage von 1744 beschlossen wurde, daß die unirte Geistlichkeit mit der katholischen in eine Kategorie gestellt sein solle, folglich ihr diejenigen Rechte, deren sich die letztere erfreute, zugesagt wurden, so zeigten doch die romanischen Geistlichen wenig Neigung, ihre Religion zu verlassen. Von dem Volke aber kann gesagt werden, daß sein standhaftes Beharren bei der väterlichen Religion musterhaft war. Seine an den Tag gelegte Ueberzeugung bewies, wie gut es die Religionsbewegungen begriff, die es auch aus nationalen Rücksichten vermied. Nicht lange nach dem erwähnten Landtage kam nach Siebenbürgen ein Mönch aus der Walachei, Namens Sophronius, geboren im Dorfe Csora in Siebenbürgen. Dieser fing an, seine Religionsgenossen in dem orientalischen väterlichen Glauben zu bestärken, wurde aber bald genöthigt, in sein Kloster zurück zu kehren. Unterdessen that sich in der Gegend von Marmaros ein anderer in der Walachei geweihter Priester, Johann Molnar aus Zoodt, durch seinen Eifer für die Integrität der orientalisch-orthodoxen Kirche hervor. Unterrichtet von den Reden, die dieser Geistliche im Dorfe

Pogacesa bei Torba und in dem benachbarten Sz. Peter, bei Gelegenheit des Jahrmarktes gehalten hatte, erwirkte die unirte Hierarchie bei der politischen Behörde die Gefangennehmung und Abführung desselben nach Blasendorf, wo die erwähnte Hierarchie ihn, ohne über denselben als einen Priester einer anderen Religion irgend eine Jurisdiktion zu haben, begrabirte und scheeren ließ, daher auch sein Spottname „Johann der Geschorene." Umsomehr verehrten ihn aber die Unsrigen, und nachdem er von Blasendorf befreit und nach Pogaceoa zurückgekehrt war, strömte zu ihm eine große Masse Volkes, um sich an seinen Lehren zu erbauen. Aus diesem Grunde wurde er abermals als Religionsstörer verhaftet, und zuerst nach dem Schloße von Maros Vasarhely und nicht lange darauf nach Wien abgeführt. Dort wurden die gegen ihn erhobenen Anklagen in Verhandlung genommen; doch ward er unschuldig befunden und erhielt die Freiheit in sein Vaterland zurückzukehren, ja es wurde ihm eine lebenslängliche Pension von täglichen 30 kr. seitens der Regierung angewiesen. Er konnte aber vor seinen Feinden, die ihn wegen allerlei Kleinigkeiten bedrängten und neckten, auch jetzt keine Ruhe finden, deßwegen ging er abermals freiwillig mit seinem jüngern Bruder nach Wien und beklagte sich über die ihm zugefügten Ungerechtigkeiten. Von dort kehrte er, in Folge der ihm ertheilten Rathschläge, nach dem Banat zurück, wo er auch nicht lange darauf starb.

58. Die Betrübniß der Geistlichkeit und des Volkes, welche standhaft bei ihrem väterlichen Glauben verharrten, wuchs um so mehr, je größer der Eifer Einiger für die Verbreitung der Union war, zu deren Gunsten die verschiedensten Mittel gebraucht wurden. So wurden unter Anderem

polemische Reden gehalten, und bei dieser Gelegenheit zeigte man unserem Volke und Clerus das Gemälde des Florentiner Concils, mit dem verunstalteten Bilde des Patriarchen Photius darauf. Ferner wurde für diejenigen, die in den Schooß ihrer alten Kirche zurücktreten wollten, eine sechswöchentliche Prüfung angeordnet, der Viele auch von denen, die ihrem väterlichen Glauben nie untreu geworden, unterzogen wurden. Der unirte Pfarrer, der dabei den Unterricht ertheilte, erhielt täglich 2 fl., einen von den, von der Union zurücktretenden Christen und einen von dem betreffenden unirten Pfarrer, weil dieser seine Leute so schlecht unterrichtet habe. Gegen die orthodoxen Pfarrer aus den Vorstädten von Hermannstadt wurde, weil sie sich unter den dortigen Zigeunern Kirchenfunktionen erlaubten, beim Fiskus auf Entsetzung des Amtes Klage geführt. Der Pfarrer Matheus aus Meleest bei Hatzeg wurde seines priesterlichen Charakters entkleidet und dazu noch mit einer monatlichen Kerkerstrafe belegt, weil er sich bei Unirten zu fungiren unterstanden hatte. Elisabeth Vitzai aus Zelach wurde aus dem Grunde, weil sie während der sechswöchentlichen Prüfung die orthodoxe Kirche besuchte, genöthigt, die Prüfung zum zweiten Male zu bestehen. Wo nicht alle, sondern bloß der vierte Theil von den Inwohnern zur Union übertrat, wurde die Kirche der Gemeinde den Unirten zugesprochen, und wenn die Unirten zu anderen Religionen übertraten, so blieb doch der unirte Pfarrer bis zu seinem Tode im Genuße aller kirchlichen Einkünfte *). Alles dieses machte unseren Clerus

---

*) Aus der Sammlung der verschiedenen Verordnungen, die in Reßinar aufbewahrt werden.

und unser Volk in ihrem Glauben nicht nur nicht wankend, sondern bestärkte sie noch, so, daß sie überall, wo sie keine Kirchen hatten, andere und schönere als die früheren zu bauen anfingen, — ein Eifer, der alle Andersgläubige unseres Landes zum Staunen brachte.

59. Nach so vielen Widerwärtigkeiten und Opfern, ging auch für unsere Kirche der Morgenstern einer besseren Zukunft auf, theils weil die Regierung zu der Einsicht der erbitterten Verfolgungen unseres Clerus und Volkes durch die überspannten Eiferer unter den Unirten gelangt, dem unirten Bischofe unterm 13. Juli 1759 zu Gemüthe führte, fernerhin von jeder Verfolgung gegen die Nichtunirten, seien sie Laien oder Priester, wegen der Nichtanerkennung der Union, abzustehen; theils weil die kaiserliche Regierung im Jahre 1761 in Folge vielfacher Gesuche seitens des Clerus und des Volkes geruhte, die orientalisch orthodoxe Kirche von Siebenbürgen zeitweilig dem Bischofe von Ofen, Dionysius Novakovics, anzuvertrauen, was sehr Vielen mißfiel. Nachdem dieser bischöfliche Stellvertreter nach Siebenbürgen kam, besuchte er die Kirchen, den Clerus und das Volk und tröstete Alle, indem er wo es Noth war, Priester weihte, die Kirchen, in welchen es an Antimissen mangelte, mit solchen versah, die Absolution den Verstorbenen verlas u. a. m. Dieser Bischof hat sehr ernsthaft dahin gewirkt, daß unsere Kirche ihren eigenen Bischof haben solle, der Tod aber ereilte ihn mitten in seiner Wirksamkeit und er starb in dem Herrn, in seiner bischöflichen Residenz zu St. Andrä. Ihm folgte auf den bischöflichen Stuhl von Ofen im Jahre 1770 den 2. März der Archimandrit des Klosters Grabovatz, Sophronius Kirilovics nach, obwohl es den Feinden unserer

Kirche sehr erwünscht gewesen wäre, uns ohne Bischof zu sehen. Auch dieser Bischof Sophronius besuchte unsere viel bedrängte Kirche in Siebenbürgen und verwaltete sein oberhirtliches Amt zum Troste des Clerus und des Volkes, indem auch er ihr Verlangen nach einem eigenen Bischof unterstützte. Auch der Karlowitzer Erzbischof, der die Zustände der Kirche in Siebenbürgen kannte und zugleich seiner Pflicht gegen diese vielbedrängte Kirche sich vollkommen bewußt war, bestrebte sich unausgesetzt, in Siebenbürgen einen Bischof anzustellen. Die vielfachen Gesuche des Clerus und des Volkes, sowie auch die Verwendung des Karlowitzer Erzbischofs und des bischöflichen Stellvertreters, Sophronius Kirilovics, hatten den Erfolg, daß Se. Majestät unterm 6. November 1783 den Vorschlag des Erzbischofs genehmigte und zum Bischof der Kirche in Siebenbürgen den Archimandriten des Klosters Schischatovacz in der Karlowitzer Archidiöcese, Gedeon Nikitics, mit dem Zusatze ernannte, daß er einen Gehalt von 4000 fl. und zwar aus denselben Quellen, wie die Bischöfe Ungarns beziehen, daß er seinen Sitz in Hermannstadt haben, sein oberhirtliches Amt über die Kirche in Siebenbürgen im Sinne der ihm zukommenden Jurisdiktion führen, in den dogmatischen und rein geistlichen Angelegenheiten von dem Erzbischofe und der erzbischöflichen Synode abhängen, und an dieser wie die anderen Bischöfe theil nehmen, von den Vorrechten aber, deren sich die serbische Nation in Ungarn erfreut, ausgeschlossen sein solle *).

---

*) Der am kaiserl. Hofe angestellte Kanzler Graf Eszterházi schreibt dem Metropoliten Moses Putnik bezüglich der Wiederherstellung unserer Hierarchie in Siebenbürgen Folgendes:

60. Der Bischof Gedeon Nikitics fand bei seiner Ankunft in Siebenbürgen die Geistlichkeit und das Volk in dem traurigsten Zustande. Im Bewußtsein seines apostol. Berufes nahm er keinen Anstand sich für die allgemeine Wohlfahrt der Kirche aufzuopfern. Er hatte nicht, wo er sein Haupt hinlegte, beßwegen verweilte er auch mehr in Resinar, wo ihm die Gemeinde ein Haus zur Wohnung anwies, als in Hermannstadt. Dies Haus wird auch

---

Iis, quae Excellentia Vestra pro vacante in Transylvania Gr. n. u. Episcopatu restaurando, sub 7-a proxime praeteriti mensis, proposuerat Individuis, Suae Maiestati Sacratissimae demisse relatis, dignata est Eadem Altissima primo loco propositum Gedeonem Nikitits pro Episcopo in Transilvania non unito denominare, vultque benignissime, ut idem penes 4000 florenorum salarium ex objectis in Regno quoque Hungariae usuvenientibus percipiendum, Sedem habitationis Cibinii figat, et in dogmaticis et pure Spiritualibus ab Excellentia Vestra et Synodo archiepiscopali dependeat, huicque Synodo uti reliqui Episcopi non uniti interveniat, ab omnibus tamen, quibus natio in Hungaria Illyrica fruitur Privilegiis, exclusus sit. Altissimam hanc Resolutionem ea cum requisitione Excellentiae Vestrae significandam duxi, ut neodenominatum Episcopum de illa plenarie instruere, et quam primum concreditum sibi in Bucovina negotium confecerit, pro recipiendis collationibus, uberiorique agendorum Instructione horsum inviare non gravetur. Caeterum solita cum observantia persevero Excellentiae Vestrae Wienae 6. Novembris 1783. Servus obligatissimus Comes Franciscus Eszterhazy m. p. Excellent. ac Rdssmo AEpo Carlovic. Moysi Putnik R. N. 307. 1783.

heute noch im Andenken bewahrt und zur Mädchenschule gebraucht. Ungeachtet aller dieser Schwierigkeiten war der Bischof Gedeon doch ein wahrer Vater zum Troste des Clerus und des Volkes. Er hat in der Erziehung und Aufklärung seiner Eparchioten eine große Thätigkeit entfaltet; er hat auch den kaiserlichen Erlaß vom 4. März 1786 ermittelt, wovon weiter unten in dem §. über die Schulen die Rede sein wird. Unter solchen Anstrengungen rieb der Bischof Gedeon seine Gesundheit auf, und nach fünf Jahren seiner Amtsführung starb er in Resinar, wo er in der alten Kirche begraben liegt. Nach diesem eifrigen Bischofe verwaltete die Diöcese als Stellvertreter Johann Popovics aus Houdol, der sich unter Anderem dadurch verdient machte, daß er im Jahre 1789 in der Druckerei von Peter Bart in Hermannstadt ein für die Geistlichen sehr nützliches Buch im Druck erscheinen ließ, unter dem Titel: Das Priesterthum oder Anweisung für Geistliche, — von Kallinik, Patriarch von Konstantinopel. Das Buch zeigt in zwölf Kapiteln: I. Wie der Priester und Diakonus in und außerhalb der Kirche den Gottesdienst zu verrichten hat; II. Was der Priester zu thun hat, wenn etwas Unerwartetes während des Gottesdienstes vorfällt. Dies Buch ist von dem Kantor an der Kronstädter Kirche Radul Duma im Jahre 1789 aus dem Slavischen übersetzt worden *). Nicht lange nachher folgte der Archimandrit von Bezdin im Banat, Gerasim Novakovics, welcher auf Antrag des Karlowitzer Erzbischofs von Sr. Majestät unterm 25. Mai

---

*) Ein solches Buch besitzt noch unser Pfarrer von Boltor bei Blasna, Georg Paul.

1789 zum Bischof ernannt wurde. Auch dieser Bischof war von Liebe zum Clerus und Volke beseelt. Im Einvernehmen mit dem unirten Bischofe hat er sich bei der kaiserl. Regierung für die politischen Rechte der romanischen Nation von Siebenbürgen vielfach verwendet. Nicht weniger war er für die Erlangung auch von Religionsrechten besorgt. Auf dem, im Jahre 1790 in Temesvar abgehaltenen National-Kongresse unserer Eparchien von Ungarn beschrieb er den traurigen Zustand unserer Kirche in Siebenbürgen und forderte den Kongreß auf, um die Freiheit unserer Kirche in Siebenbürgen bei Sr. Majestät anzusuchen. Diesen Antrag hat der Kongreß angenommen und der kaiserl. Regierung wegen Befreiung seiner Religionsgenossen in Siebenbürgen eine Bitte unterbreitet. Auch bei dem siebenbürgischen Landtage vom Jahre 1791 hat er sich um die Rechte der ihm anvertrauten Kirche verwendet. In Folge seiner Bemühungen hat derselbe Landtag durch den Art. 60 die freie Religionsübung und Emancipation unserer Kirche von der drückenden Stellung einer geduldeten Religion zum Gesetze erhoben. Dieses Gesetz*) heißt: „Der orientalisch griechisch-nichtunirten Kirche, welche nach den Gesetzen dieser Provinz bisher unter die geduldeten Religionen gezählt wurde, wird, kraft gegenwärtigen Artikels, freie Religionsübung zugesichert, mit dem Zusatze, daß alle, die sich zu dieser

---

*) Articulus 60. an. 1791. Religio orientalis Graeci ritus non unita, quae juxta Leges hujus Provinciae hactenus inter tolleratas Religiones recensita fuit, vigore praesentis Articuli in libero suo exercitio eo modo confirmatur, ut omnes hujus Religionis Asseclas ab Eppo sui ritus per Suam Mattem Stmam denominando de-

Religion bekennen, von dem, von Sr. Majestät ernannten Bischofe ihres Ritus abhängen und nach ihren Verhältnissen, wie die anderen Bewohner behandelt werden sollen. Auch sind sie weder mit öffentlichen Lasten, noch mit anderweitigen Leistungen mehr als die Anderen zu belasten; doch sollen die Rechte Sr. Majestät bezüglich des Clerus, der Kirchen, der Stiftungen und der Erziehung unangetastet bleiben." Aber auch dieser eifrige Oberhirt verwaltete die Diöcese kaum sieben Jahre und starb 1696 in Resinar, wo er neben seinem Bruder in Christo, Gedeon, begraben wurde. Zum bischöflichen Stellvertreter wurde der Erzpriester von Hunyad, Johann Hutzovics ernannt. Während unser Bisthum verwaist war, suchten Einige ihre Pläne zu verwirklichen; allein der Clerus und das Volk haben alle Gefahr abzuwenden gewußt. Es wäre irrig anzunehmen, daß unser Clerus und Volk etwa aus Haß gegen die serbische Nation um das Recht, einen Bischof aus ihrem Schooße zu haben, nachgesucht haben; denn bei der Wiederherstellung des siebenbürgischen Bisthums war sowohl der Clerus, als auch das Volk froh, in ihrer Mitte einen, nur seinem Berufe treuen Bischof zu haben, wie es auch beide Vorerwähnte waren, wenngleich sie der serbischen Nation entstammten. Dazu haben sich diese Bischöfe, namentlich Gerasim, wie es heute noch allgemein bekannt ist, im Einvernehmen mit dem unirten Bischofe,

---

pendeant, et pro sua conditione ad instar reliquorum incolarum tractentur, neque in ferendis publicis oneribus, aliisque praestationibus prae aliis aggraventur, Iuribus Regiae Mattis circa negotia Cleri, Ecclesiae, fundationum, et Educationis Juventutis porro quoque in Salvo relictis.

auch für die politischen Rechte der romanischen Nation
vielfach verwendet. Nachdem aber einmal die Kirche konsoli-
birt war, war es eine natürliche Folge, daß der Clerus
und das Volk auf die Erlangung ihrer, durch das kanonische
Recht unserer heil. Mutterkirche zugesicherten Rechte bedacht
waren und die kaiserl. Regierung um die Erlaubniß baten,
sich den Bischof nach ihrem alten Brauche wählen zu dürfen,
was ihnen auch gewährt wurde, ohne daß sich der Karlowitzer Erzbischof dagegen gestämmt hätte.

61. Auf vielfache, vierzehn Jahre hindurch wieder-
holte Bitten des Clerus und des Volkes an Se. Majestät,
theilte endlich das siebenbürgische Gouvernement dem Konsistorium unterm 13. August 1810. Folgendes mit *):

---

*) Sacrae Caesareo Regiae Apostolicae Majestatis Magni
Principis Transylvaniae, et Siculorum Comitis, Domini
Domini nostri Clementissimi Nomine!

 Venerabile Consistorium Nobis honorandum! Salutem et Gratiae Caesareo Regiae Incrementum! Dignata fuerat Sua Majestas Scrma medio Benignissimi
Decreti Regii de 26. Maji A. pr. exarati, iteratis pre-
cibus Cleri Graeci Ritus non Unitorum de restauratione
Officii Episcopalis ejusdem Ritus porrectis Clementer
defferre, benigneque admittere, ut fundo sydoxiali jam
nunc in debitum ordinem redacto, vacans in hocce
Principatu Episcopi Graeci Ritus non Unitorum Statio
restauretur, ad eamque per Clerum non Unitum hujus
Principatus ex ipsius gremio sub praesidio Commissarii
per Regium hocce Gubernium denominandi, Vir acti-
vus, et Idoneus, Linguarumque Nationalium, et prae-
cipue Valachicae, prout et Jurium Constitutionumque,
et Consuetudinum in hoc Principatu vigentium gnarus,

„Se. k. k. Apostolische Majestät haben unterm 26. Mai l. J. geruht, die wiederholten Bitten des Clerus um die Wiederbesetzung des bischöflichen Stuhls zu gewähren und zu gestatten, daß jetzt, nachdem der Sydoxialfond in Ordnung gebracht worden ist, der griechisch nichtunirte Bischofsstuhl wieder besetzt werde, für welchen, unter dem Vorsitze eines vom Gouvernement ernannten königlichen Kommiffärs,

<blockquote>
qui simul amore, et confidentia Cleri sibi subordinati, populique Valachici in maiori mensura potitur, ac a Dexteritate, honestate vitae, Morumque probitate, prout et de recte cogitandi ratione, fidelitatis item erga Principem, Statumque publicum Zelo, de meliori cognitus esse debet, eligatur — in Dotationem vero, et Salarium eligendi Episcopi Eadem Altefata Annuos 4000 Rflorenos e fundo Sydoxiali applacidasse. Clementerque Anuere dignata est, ut pro obtinenda secura, sufficientique fundi hujus Dotatione, ex quo deinceps ad erigendum quoque pro educatione Cleri Seminarium constituendosque, et Salario providendos professores, Instituendas item plures Normales Scholas majores sumtus annua suppeditandi requirentur, Taxa illa, quae ad fundum Sydoxialem hactenus in $2^1/_6$ xris solvebatur, in posterum pro stabili quidem ad 3 xros, interea autem, donec ad erigendum Seminarium instituendasque Scholas Normales et fundanda necessariorum in illis professorum, atque Docentium Salaria sufficiens fundus coadunari potuerit, sub certo saltem annorum curriculo ad 5 xros elevetur, haec porro Taxa a dictis non Unitis Patribus familias non uti hactenus factum est, per eorundem popas colligantur, verum per Regios Perceptores incassentur, hocque fine singuli Patres fam. non Uniti Ritus occasione rectificationis Contributionis in Tabella Contributionali notandi, sub hoc titulo loco
</blockquote>

ein eifriger, befähigter, der Nationalsprachen und besonders der romanischen Sprache, so wie der Gesetze, Verfassungen und Sitten, die zu Lande bestehen, kundiger Mann, der sich auch der Liebe und des Vertrauens des Clerus und Volkes erfreut, dessen Befähigung ferner, Ehrlichkeit, Sittlichkeit, gesundes Urtheil und Treue gegen den Fürsten und die Landesstände bekannt sind, durch den Clerus aus seinem Schooße

---

hactenus solutorum 2¼ xorum 3 et respectivo 5 xros solvant.

Benigne praeterea indulsit sua Maiestas Sacratissima, ut pro efformandis ad Seminarium requisitis idoneis, et capacibus Professoribus aliquot hujus Ritus pauperiores, bonaeque spei, proborum morum, ac optimorum Talentorum Juvenes, qui in Gymnasiis absolverant, Statuique Ecclesiastico semet devoverunt, fine obtinendae solidioris eruditionis, et ulterioris experientiae ad Universitatem Viennensem expediantur, ibidemque sumtibus fundi sydoxialis interteneantur; Quae Benignissima Suae Majestatis Sacratissimae Ordinatio Regia cum eadem Altefata vigore subsequi quoque sui benigni Decreti Regii de 13. proximo praeterlapsi mensis Julii exarati, eidem inhaerere, procuramdumque illius Complementum adurgero dignata fuisset, eidom Consistorio ea cum ulteriori Ordinatione hisce praescribitur, quod R. hocce Gubernium in Complementum Altissimi hujusce, ac Benigni Decreti Regii pro Electione Episcopi in hac Libr. Regiaque Civitate secundum Calendarium novum, die Ima adfuturi mensis Octobris, secundum Calendarium autem Vetus die 19. Septembris celebranda, pro Commissariis gremialem Consiliarium Stephanum Koszta, et Secretarium Gubernialem Stephanum Halmagyi denominandos invenerit, quare eidem Consistorio hisce committitur, ut ad

gewählt werden soll. Als Gehalt des zu wählenden Bischofs
haben Se. Majestät 4000 fl. aus dem Sydoxialfonde bewilligt, und gestattet, daß zur gesicherten und ausreichenden
Dotation des Fondes, aus welchem zugleich ein Seminar
zu errichten ist, die Gehalte der Professoren zu beziehen und
mehrere Normalschulen zu stiften sind, die bisherige Sydoxialtaxe von 2 ½ fr. auf 3 fr., bis zu der Zeit aber, wo

> Universos et singulos Magni hujus Principatus Archi-
> Diaconos ad Dioecesim D. Unitam Transylvanicam
> spectantes, tales sine mora edere noverit Dispositiones,
> quo mentionati A. Diaconi una cum Vicario ejusdem
> Consistorii pro instituenda Episcopi Electione juxta superius citatum benignum Decretum Regium solum ad
> natos hujus Principatus filios Graeci Ritus D. Unitos
> extendenda, ad praefixum terminum in hanc L. Regiamque Civitatem comparere, seque apud antelatum
> Commissarium, simulque Consiliarium Gubernialem insinuare haud intermittant, relate autem ad Collectionem
> Sydoxiae, ejusdem manipulationem necessarias abhinc
> sub hodierno ad exigentiam superius laudati Benigni
> Decreti Regii, tam ad singulas Principatus hujus Jurisdictiones, ac Regios Perceptores, quam vero ad Exactoratum Principalem factas esse dispositiones, eidem
> Consistorio eo addito hisce perscribitur, quod Regium
> hocce Gubernium selectionem Juvenum, ad obeundum
> Professorale munus efformandorum, eumque in finem
> ad Universitatem Viennensem expediendorum ad tempus usque denominationis Episcopi differendam esse invenerit. In reliquo altefata sua Majestas Sacratissima
> benigne propensa manet. E. Regio M. Principatus
> Transylvaniae Gubernio. Claudiopoli die 13. Aug. 1810.
>
> Georgius Banfi m. p. Antonius Miko m. p. Secretarius.

der für die Errichtung des Seminars und der Normalschulen, so wie für den Gehalt der Professoren erforderliche Fond zusammengebracht sein wird, auf 5 kr. erhöht werde, und nicht wie bisher durch die Geistlichkeit gesammelt, sondern durch die königlichen Steuereinnehmer, bei welchen jede griech. nichtunirte Familie bei Abtragung der Steuern, unter dem Namen der Syborialtaxe, 3 und resp. 5, anstatt 2½ kr. zu entrichten hat, eingehoben werde. Se. Majestät haben ferner zu gestatten geruht, daß etliche unbemittelte Jünglinge von guten Talenten und sittlichem Betragen, welche das Gymnasium absolvirt haben und sich dem geistlichen Stande widmen wollen, zur weiteren Bildung, Vervollkommnung und Befähigung für die Professorenstellen, auf die Wiener Universität geschickt und daselbst mit Stipendien aus dem Syborialfonde unterstützt werden sollen." Diese Allerhöchste Verordnung Sr. Majestät, deren Ausführung wiederholt unterm 13. Juli anbefohlen wurde, wird dem Konsistorium mit der ferneren Bestimmung mitgetheilt: daß das königl. Gouvernement zur Ausführung dieses höchsten königl. Dekretes die Wahl des neuen Bischofs auf den 19. Sept. und 1. Oktob. festgesetzt, zum Kommissär Stephan Kosta und zum Sekretär Stephan Halmagyi ernannt hat; daher denn an das Konsistorium der Auftrag ergeht, allen und jeden Erzpriestern der siebenbürgischen Diöcese, die Weisung zu ertheilen, sich sammt dem Vikare auf. den festgesetzten Termin, Behufs der bloß aus Eingeborenen zu veranstaltenden Bischofswahl hier einzufinden und dem königl. Kommissäre vorzustellen. Was die Erhebung der Syborialtaxe anbelangt, so wird dem Konsistorium zur Kenntniß gebracht, daß das königl. Gouvernement die diesbezüglichen Anweisungen den königl. Perzeptoren, sowie auch dem Hauptexaktorate ertheilt, und die Wahl der, für die Vorbereitung auf das Professorat auf die Universität nach Wien zu schickenden Jünglinge, bis nach geschehener Bischofswahl zu verschieben für gut gefunden hat. Im Uebrigen bleibt Se. Majestät gewogen. Von dem königl. Gouvernement des Großfürstenthums Siebenbürgen. Klausenburg, den 13. August 1810. Georg Bánfy m. p. Anton Miló m. p. Sekretär."

62. Zufolge dieses allerhöchsten kaiserl. Dekretes versammelten sich die Erzpriester und der Vikar am 19. September 1810 doch nicht in Klausenburg, sondern in Torda, und die Bischofswahl wurde in der besten Ordnung vollzogen, indem in die Kandidation drei Geistliche aus dem Schooße des siebenbürgischen Clerus aufgenommen wurden, von welchen Basilius Moga, unverehelichter Pfarrer zu Mühlbach, an zweiter Stelle vorgeschlagen und von Sr Majestät dem Kaiser Franz I. unterm 21. Dezember 1810 zum Bischofe der griechisch-orthodoxen Kirche in Siebenbürgen ernannt wurde. Der zum Bischof ernannte Basilius Moga ging allsogleich nach Karlowitz, um die Bischofsweihe zu empfangen. Da aber derselbe, wenn auch unverehelicht, doch als weltlicher Priester, bevor er in den Mönchsorden aufgenommen worden war, den Satzungen unserer Mutterkirche gemäß, nicht geweiht werden durfte, so ging er auf Anordnung des Metropoliten in das Kloster Kruschedol, um sich dort für die Aufnahme in den Mönchsorden vorzubereiten. Nachdem er dort eine Zeit lang in Beten verharrt und sich zur Aufnahme unter die Zahl der Brüder jenes Klosters würdig bewiesen hatte, empfing er am 18. April die Mönchstonsur, worauf er dann am 23. April 1811 in der Hauptkirche

zu Karlowitz vom Erzbischofe Stephan Stratimirovics und den Bischöfen Gedeon Petrovics aus Neusatz und Josef Putnik aus Pakratz, zum Bischofe geweiht wurde. Darauf kehrte der neu geweihte Bischof zurück und wirkte als Bischof der orthodoxen Kirche in Siebenbürgen bis zum 27. Oktober des Jahres 1845, somit länger als 34 Jahre. Er war ein frommer und eifriger Oberhirt. Durch sein Bemühen wurde das in der Heltauergasse gelegene Haus, aus einer in der ganzen Eparchie veranstalteten Kollekte gekauft. Er hat mehrere hülfsbedürftige Studirende unterstützt, von welchen Einige, nach Beendigung der theologischen Fakultät in Wien, würdige Glieder unseres Clerus geworden sind *). Während seiner oberhirtlichen Amtsführung wurde für die Pfarramtskandidaten ein Lehrkursus von sechs Monaten eröffnet.

63. Die Amtsführung des Bischofs Moga war mit vielen Einschränkungen verbunden; denn in der kaiserl. Instruktion vom 21. Dez. 1810, welche ihm mit dem Ernennungs-Diplom überreicht wurde, wird gesagt, daß Basilius Moga die Bischofswürde unter folgenden Bedingungen ertheilt wird: 1. Der Bischof soll Sr. Majestät dem Kaiser und dessen

---

*) Er hinterließ dem Clerus ein Haus in der Wintergasse und ein Kapital von 27,000 fl. C.-Mze., aus welchem 10,000 fl. als Stipendienfond für Jünglinge, die sich in den höheren Wissenschaften für den Dienst des Clerus vorbereiten wollen, bestimmt wurden. Ferner hinterließ er noch 4400 fl., mit welchen eine Wiese bei Torda gekauft wurde, deren Ertrag für die Konsistorial-Assessoren bestimmt ist, endlich 15,222 fl., aus deren Interessen ein Advokat für die Vertretung der Rechte des Clerus mit jährlichen 300 fl. gehalten wird.

gesetzlichen Nachfolgern treu sein und trachten, daß auch der Clerus und das Volk in derselben Treue verbleibe, und wenn er etwa bemerken sollte, daß Jemand es wagte, auf die Allerhöchste Person, oder die Gesetze der Regierung, oder den allgemeinen Frieden verderbliche Anschläge zu machen, soll er denselben allsogleich dem königl. Gouvernement anzeigen 2. Wir haben unseren Unterthanen der griechisch orientalischen Religion, nebst der, durch den Artikel 60 vom Jahre 1791 zugesicherten Religionsfreiheit, einen Bischof zu ihrer geistigen Beruhigung ernannt, der Bischof aber soll diese seine Ernennung als ein Zeichen kaiserlicher Gnade ansehen; weßwegen er sich nach den vaterländischen Gesetzen und königlichen Verordnungen zu richten hat, widrigenfalls er in die königl. Ungnade fallen und sich die daraus folgende Strafe zuziehen würde. 3. Sollte jemals in dogmatischen Angelegenheiten der griechisch orientalischen Kirche ein Rekurs nothwendig sein, so soll derselbe der kaiserl. Regierung durch die Landesstelle unterbreitet und nur mit Wissen derselben, und nicht anderswo als bei der Karlowitzer Metropolie insinuirt werden, — übrigens wird der Bischof von allen Vorrechten, deren sich die serbische Nation erfreut, ausgeschlossen sein. Apellationen in Ehesachen sind im Sinne des königl Reskriptes vom 3. September 1783 an das königl. Gouvernement gestattet. 4. Wie das Konsistorium bisher verpflichtet war, das Protokoll alle Monate der königl. Regierung vorzulegen, so wird auch der Bischof verpflichtet sein, dies einzuhalten. 5. Er wird ferner darüber wachen und nicht gestatten, daß fremde Kommissäre in seine Diöcese kommen und Unruhe verursachen, damit er um so leichter sein Pastoralamt verwalten könne. 6. Zu diesem Ende wird er durch die Erzpriester an die Pfarrer den Befehl ergehen lassen, daß sie die Mönche aus den benachbarten Fürstenthümern Moldau und Walachei, welche in die am Fuße der Karpathen gelegenen Dörfer zu kommen pflegten, in ihr Vaterland verweisen; wenn sie sich aber zurückzukehren weigerten, so sollen sie bei Strafe der Degradation den betreffenden Behörden angezeigt werden. 7. Der Bischof soll nicht vergessen, daß es in Siebenbürgen vier recipirte Religionen gibt, und daß der unirte Clerus und das unirte Volk durch das Gesetz vom Jahre 1744 der katholischen Religion einverleibt sind und sich aller Vortheile und Vorrechte derselben erfreuen, der griech. nichtunirte Clerus aber nur geduldet ist: deßwegen soll der Bischof wissen, daß es ihm verboten ist; sich der Ausbreitung und Propagation der unirten Religion entgegenzusetzen; ferner soll weder er, noch die ihm untergeordnete Geistlichkeit sich unterstehen, die Unirten zum Abfalle von der Union, öffentlich oder heimlich zu bereden, ebenso wenig auch die Bekenner anderer Konfessionen. 8. Soll er wissen, daß die Vorrechte der illyrischen Nation in Ungarn und den mit diesem vereinigten Ländern auf Siebenbürgen nicht ausgedehnt sind, daß sich der nichtunirte Clerus in Siebenbürgen nie jener Vortheile erfreuet hat, deren sich die serbische erfreuet, und er somit in dem bisherigen Zustande verbleibet. 9. Der Bischof und der Clerus haben sich in Betreff ihrer Subsistenz den vaterländischen Gesetzen und Gepflogenheiten zu fügen. Wenn der Bischof auf seine Beschwerde, von den untergeordneten Behörden nicht die geziemende Genugthuung erhalten würde, so steht es ihm frei, durch die siebenbürgische Hofkanzlei an die kaiserliche Regierung zu rekurriren. 10. Der Bischof hat sich mit dem

Gehalte von 4000 fl. zu begnügen und sich aller ungesetzlichen Erpressungen des Clerus und Volkes, sowie auch jedweder Kollekte und Geldstrafe zu enthalten. Bei Gelegenheit der kanonischen Visitation, die er mit Genehmigung des königl. Gouvernements und im Beisein zweier von den politischen Behörden dazu ernannten Kommissäre, unternehmen wird, wird er sich nach den Bestimmungen des 8. Art. 1. des I. Th. der Constit. aprob. zu richten haben. Dem Clerus wird er verbieten, unter dem Namen der Stolargebühr von dem Volke mehr zu nehmen, als in dem königl. Restripte vom 27. September 1784 festgesetzt ist. Den Ort für die bischöfliche Residenz wird das Gouvernement bestimmen. 11. Die kanonischen Portionen, welche die Gutsbesitzer oder die Gemeinde für die unirten Pfarrer bestimmt haben, sollen, wenn diese in den betreffenden Ortschaften zu bestehen aufgehört haben, nicht dem nichtunirten Pfarrer zufallen, sondern den Gutsherrn oder den Gemeinden zurückgestellt werden. Die nichtunirten Geistlichen haben sich mit der festgesetzten Stolargebühr zu begnügen. Wenn sie zu ihrer besseren Subsistenz Grundstücke bekommen, so sollen diese besteuert werden, — von der Kopfsteuer sind sie nur aus besonderer kaiserlicher Gnade befreit worden. 12. Wie bis jetzt, ist den Nichtunirten auch von nun an der Uebertritt zur Union gestattet. Wenn eine ganze griechisch nichtunirte Gemeinde zur Union übertritt, geht die kanonische Portion auf den unirten Pfarrer über. 13. Wenn aber alle Unirten aus der Gemeinde zur Nichtunion übertreten, bleibt die kanonische Portion dem unirten Pfarrer. 14. In Gemeinden, wo Unirte und Nichtunirte gemischt wohnen und nur eine Kirche ist, welche den Unirten gehört, soll die

Kirche diesen bleiben, selbst wenn sie die Minderzahl bilden. Die Nichtunirten werden sich nach den bestehenden Verordnungen eine andere bauen dürfen, jedoch in der Art, daß das Volk dadurch nicht belastet werde. 15. Da der Bischof Gerasim Adamovics die Regulirung der Pfarrgemeinden nicht beobachtet hat, so ist der Bischof Moga verpflichtet, die Regulirung derselben und der Dechanate vom Jahre 1806 nicht zu ändern. 16. Da sowohl der vorige Bischof, als auch das Konsistorium unter dem Vorwande, daß einige Pfarrer wegen Altersschwäche ihrem Berufe nicht nachkommen können, die Zahl derselben so sehr vermehrt haben, daß bei Gelegenheit der Regulirung Viele von denselben überzählig geblieben sind: so soll der Bischof trachten, die überzähligen Geistlichen gemäß der dem Konsistorium ertheilten Verordnungen, an den verwaisten Pfarren anzustellen; den Gemeinden aber, welche sich dieser Maßregel widersetzen würden, soll kein Gehör gegeben werden. 17. Da die Einkünfte der Geistlichkeit durch die Vermehrung ihrer Zahl sich gemindert haben, und diese nun, mit Entwürdigung ihres Berufes, Landwirthschaft zu treiben genöthigt ist: so soll der Bischof dafür sorgen, daß künftighin Geistliche nur an solchen Gemeinden angestellt werden, in welchen die durch die h. Verordnungen festgesetzte Zahl der Christen erreicht ist; wo sich aber eine Ausnahme von dieser Norm als nothwendig herausstellen sollte, da hat der Bischof der königl. Regierung davon Anzeige zu machen. 18. Auf die Bildung des Volkes wirkt fördernd die Bildung der Geistlichkeit ein, aus welchem Grunde denn schon früher verordnet wurde, daß die Pfarramtskandidaten die Pflichten des Menschen gegen Gott, die Obrigkeit, ihre Nächsten schreiben und lesen, den Katechismus und aus der Arithmetik die vier Species kennen sollen, und ferner von den Pfarramtskandidaten verlangt wurde, daß sie nicht nur die Normal- sondern auch die Grammatikalschulen durchgemacht haben, und mit der so nothwendig gewordenen ungarischen Sprache bekannt sein sollen. Alles dies einzuhalten wird der Bischof verpflichtet sein. 19. Ein anderes Hinderniß der Bildung wurde darin entdeckt, daß die nichtunirten Geistlichen dahinzielen, daß ihnen in das Pfarramt ihre Söhne, oder in Ermangelung solcher, ihre Schwiegersöhne folgen, wodurch nicht nur das Priesterthum erblich wird, sondern auch die Christen abgehalten werden, sich für den Kirchendienst auszubilden. Da die in dieser Beziehung zu wiederholten Malen an das Konsistorium gerichteten h. Verordnungen aus dem Grunde keinen Erfolg gehabt haben, weil die Geistlichen unter dem Vorwande der Altersschwäche abdanken und um Pfarrgehülfen, die sie selbst vorschlagen, einschreiten, und für welche sie auch die Gemeinden zu gewinnen wissen, so soll der Bischof darauf bedacht sein, diesen Unfug zu beseitigen. Endlich soll er wissen, daß diese ganze Instruktion im Allgemeinen dahinzielt, daß nicht nur die Rechte der anerkannten Religionen unversehrt erhalten, sondern auch das Ziel der allgemeinen Wohlfahrt und des Friedens, sowie auch des Seelenheils durch die Sorge für einen ordentlichen Lebenswandel des Volkes erreicht werde, worauf hinzuwirken nicht nur die Priester, sondern auch Alle treuen Unterthanen verpflichtet sind.

64. Nachdem das Bisthum durch den Tod des Bischofs Moga verwaist worden, und es sich, wie gesagt, im abnormen Zustande befand, übernahm die Leitung der Eparchie das vom seligen Bischofe Moga zusammengesetzte

Konsistorium *). Die hohe Landesstelle beließ das Konsistorium in seiner Wirksamkeit und unterbreitete Sr. Majestät eine Kandidation von drei Erzpriestern aus der Diöcese zur Ernennung eines Vikars.

65. Das Konsistorium setzte auch den Karlowitzer Erzbischof, bei welchem sich inzwischen Einige um das Vikariat beworben hatten, von dem Tode des Bischofs Moga in Kenntniß. Der Erzbischof that auch seinerseits, nachdem er sich von dem Zustande des verwaisten Bisthums und den Eigenschaften derjenigen Glieder des siebenbürgischen Clerus, die sich um die Bischofswürde bewarben, unterrichten ließ, bei der Regierung die nöthigen Schritte. Und so erfolgte unterm 27. Juni 1846 von Sr. Majestät die Ernennung des Verfassers dieser Kirchengeschichte, der damals Archimandrit des Klosters Kovil in der Neusatzer Diöcese war, zum Vikar. Der Vikar begann seine Wirksamkeit am 21. August (2. September) 1846 mit einer Konsistorialsitzung und der Bekanntgabe von seiner Ankunft und der Uebernahme der Leitung der Kirche in Siebenbürgen an den Clerus und das Volk.

66. Der Vikar hielt es für seine Pflicht, dahinzuwirken, daß der verwaiste bischöfliche Stuhl wieder besetzt werde; daher richtete er auch im Einverständniß mit dem Konsistorium an die Landesstelle die Bitte um die Erlaub-

---

*) Es ist auffallend, wie die Erzpriester, Priester und die Ersten der Diöcese, welche bei der Bestattung des Bischofs Moga zugegen waren, sich nicht darüber berathen haben, daß die kaiserliche Regierung um Wiederbesetzung des bischöfl. Stuhles und bis dahin um einen von ihnen in Vorschlag gebrachten Vikar gebeten werden solle.

niß zu einer der vom Jahre 1810 ähnlichen Bischofswahl. Se. Majestät der Kaiser Ferdinand I. verfügte unterm 20. Oktober 1847 die Abhaltung der Synode in Torda; auf den 1. Dezember u. St. d. J. mit der Anordnung, daß die Wahl, wie die von 1810 erfolgen solle, jedoch mit Auslassung der Beschränkung, daß der Bischof bloß aus dem Schooße des siebenbürgischen Clerus zu wählen sei. Die an das Konsistorium von der Landesstelle unterm 28. Oktober 1847 gemachte Mittheilung *) lautet: „Gemäß des gnädigen Dekretes vom 30. Juni u. St. Z. 3658 haben Se. Majestät zu gestatten geruht, daß bei der Wahl des griech. nichtunirten Bischofs dieselbe Modalität beobachtet werde, wie bei der Restaurirung von 1810, jedoch mit der Modifikation, daß die im Dekrete vom 25. März 1809 enthaltene Einschränkung, wonach der Bischof bloß aus dem Schooße des siebenbürgischen Clerus zu wählen sei, aufgehoben die Wahl daher nicht auf die in Siebenbürgen Geborenen

---

*) Iuxta benignum Rescriptum Regium die 30. Iulii a. c. sub Nr. aulico 3658. exaratum, Sua Majestas Sacratissima virtute Benignae Resolutionis Regiae dtto 24. Iulii a. c. editae clementer indulgere dignata est, ut in eligendo Episcopo graeci ritus non unitorum eadem modalitas observetur, quae anno 1810. occasione similis restaurationis locum habuit, ea solum cum modificatione, ut restrictione in Decreto dtto 25. Maii 1809. Nr. 1301. contenta, ut videlicet Episcopus e gremio Cleri nota sua depromturi eligatur, sublata, electio haec praecise ad natos in Transylvania haud restringatur. Quae benigna Resolutio Regia Consistorio huic ea cum ordinatione perscribitur, ut, cum pro electione Episcopi in Oppido Torda secundum Calendarium novum die

beschränkt werde. Diese königl. Verordnung wird dem Konsistorium mit dem Befehle mitgetheilt, daß, da zur Vollziehung der am 1. Dezember in der Stadt Torda zu veranstaltenden Bischofswahl zu Kommissären der Provinzialkanzler Ladislaus Lazar und der Gouvernialsekretär Paul Jstvánfy ernannt worden sind, diese Verfügungen unverzüglich zur Kenntniß aller und jeder der siebenbürgischen Diöcese angehörenden Erzpriester gebracht werden, damit sie sammt dem Generalvikare zur Vollziehung der Bischofswahl, welche nicht bloß auf die in Siebenbürgen Geborenen zu beschränken ist, am festgesetzten Tage in der Stadt Torda sich einfinden und ohne Säumen dem Gouvernialkommissären Ladislaus Lazar vorstellen mögen.

67. Das Konsistorium setzte die Erzpriester der Diöcese von der die Wahl und die Zeit derselben betreffenden Resolution in Kenntniß, worauf denn der größte Theil der Erzpriester sich schon am 17. November (29. November

---

1-a Decembris a. c. celebranda, pro Commissariis Cancellarius provincialis Comes Ladislaus Lázár, et Secretarius Gubernialis Paulus Istvánfi denominati habeantur, tales ad universos et singulos Archidiaconos ad Diaecesim disunitam Transylvanicam spectantes sine mora adornet dispositiones, quo mentionali Archidiaconi cum Vicario Generali pro instituenda Episcopi Electione juxta positivam Altissimam Resolutionem, solum ad natos Transylvaniae filios, graeci ritus disunitos haud restringenda, ad praefixum terminum in Oppido Torda comparere, seque apud praenominatum Commissarium Gubernialem, Cancelarium nempe Provincialem Comitem Ladislaum Lázár insinuare haud intermittant. Claudiopoli die 28. Octobris 1847.

u. St.) in Torba versammelte. Auf die Kunde, daß die Herren Kommissäre nur am folgenden Tage Vormittags ankommen würden, bildete sich auf Antrag des Vikars eine Deputation, bestehend aus dem Vikare und sechs Erzpriestern, welche den Kommissären entgegenfahren sollte. Die Deputation ging bis nahe an das Dorf Kopal, wo der Vikar die ankommenden Kommissäre im Namen des Clerus bewillkommnete, worauf der Herr Graf Lazar für diese Begrüßung seinen Dank aussprach. Die Herren Kommissäre wurden von den Deputirten in ihre Wohnung geleitet. Am Nachmittag desselben Tages ging der Vikar zu den Kommissären, um sich mit ihnen über den vorzunehmenden Wahlakt zu besprechen; zugleich berichtete er denselben, daß etliche Erzpriester noch fehlten. Der Kommissär eröffnete dem Vikare, daß am nächsten Tage die Erzpriester ihm vorgestellt werden könnten, und daß die Wahl an dem darauf folgenden Tage, dem 2. Dezember um 10 Uhr im Saale des städtischen Magistrates vollzogen werden solle. Der Vikar setzte davon die Erzpriester in Kenntniß, und verordnete, daß in den Frühstunden des für die Wahl bestimmten Tages Gottesdienst unter Anrufung des heil. Geistes gehalten werde. Nachdem somit am 1. Dezember den Herren Kommissären die Aufwartung gemacht und am 2. Dezember der Gottesdienst im Beisein aller Erzpriester, des Vikars und einer großen Anzahl Christen auch anderer Konfessionen, von drei Erzpriestern gehalten worden war, versammelten sich die Erzpriester und eine große Anzahl Zuschauer im Saale des Magistrates, wo um 9¼ Uhr auch der Vikar ankam und den Antrag stellte, sechs Erzpriester seitens der Versammlung an die Herren Kommissäre zu schicken, welche denselben referiren sollten, daß die Versammlung vollzählig sei und der Ankunft derselben entgegenharre. Die Deputation erfüllte ihre Mission und berichtete der Versammlung, daß die Herren Kommissäre bereit seien zu kommen und die Versammlung zu eröffnen.

68. Unterdessen kamen auch die Kommissäre, welche von den versammelten Erzpriestern mit wiederholtem „Hoch" empfangen wurden. Nachdem sie zu dem für sie bestimmten Platz gelangt waren und sich gesetzt hatten, forderten sie auch die Mitglieder der Versammlung auf, sich zu setzen. Darauf hielt der Herr Graf Lazar eine Ansprach: an die Versammlung im Sinne des königl. Dekretes, welches in romanischer Uebersetzung vom Herrn Kommissionsaktuare Johann Babbu vorgelesen wurde. Dann hielt der Vikar eine Rede, in welcher er in seinem und der Diöcese Namen für die Gnade Sr. Majestät, in Folge welcher dem Clerus von dem alten Rechte unserer Kirche Gebrauch zu machen gestattet wurde, den Dank aussprach. Hierauf folgte eine zweite Rede des Vikars, worin er die Erzpriester aufforderte, „zu wandeln, wie es sich unserem Berufe geziemt, darinnen wir berufen sind; daß wir mit aller Demuth und Sanftmüthigkeit und mit ausdauernder Geduld Einer den Andern tragen, und uns bestreben, die Einigkeit im Geiste durch das Band des Friedens zu erhalten. Ein Leib und Ein Geist, wie wir auch berufen sind auf einerlei Hoffnung unseres Berufes. Ein Herz, Ein Glaube, Eine Taufe, Ein Gott und Vater Aller, der da ist über uns Alle und durch uns Alle und in uns Allen; denn so rechtschaffen in der Liebe, werden wir wachsen in allen Stücken an Dem, der das Haupt ist, Christus. Ephes. Kap. 4. Vers 1 bis 6. 15.—" Darauf eröffnen die Kommissäre, daß jeder Stimmberechtigte drei

Stimmen haben und sie auf einen Zettel schreiben, folglich sich die Zahl der Stimmen auf 126 belaufen werde. Demnach wurden die Namen aufgeschrieben, woraus sich herausstellte, daß ein Vikar und 41 Erzpriester stimmberechtigt waren. Der Kommissär theilte hierauf Zettel aus, auf welche Jeder einzelnweise, auf einem besondern Tische, seine Stimme aufzeichnete und sie darauf den Kommissären übergab, welche sie in ein Kästchen hineinlegten. Nachdem auf diese Weise die Abstimmung erfolgt war, wurden die Zettel gezählt und 42 gefunden, folglich war bei der Abstimmung kein Fehler entdeckt, da die Zahl der Stimmen jener der Votirenden gleichkam. Darauf wurden vier Erzpriester gewählt, welche, zur größeren Sicherheit und Kontrolle, nebst den Kommissären die vorgelesenen Stimmen abschreiben sollten. Sie saßen neben den Kommissären, — der Präsident Graf Lazar nahm die Zettel aus dem Kästchen einzelnweise heraus, las sie zuerst selbst und übergab sie nachher dem Aktuar Babbu, der abermals die darauf geschriebenen Namen laut las, welche von dem Kommissären Istvanfy und den vier Erzpriestern aufgezeichnet wurden. Nachdem alle Stimmzettel aus dem Kästchen herausgenommen und die von Istvanfy und den vier Erzpriestern gemachten Namensverzeichnisse mit einander verglichen und für richtig befunden worden waren, stellte sich heraus, daß Johann Moga, Erzpriester von Hermannstadt I. 33, Moses Fulea, Erzpriester von Hermannstadt II. 31, der Vikar 27, Joseph Igiann, Erzpriester von Zalatna 14, Johann Popasu, Erzpriester von Kronstadt 11, Konstantin Duma, Erzpriester von Deva 5, Johann Pannovits, Erzpriester von Leschkirch 1, Absalon Popovics, Erzpriester von Lupsa 1 und Johann Hannia, Konsistorialarchivar 5 Stimmen erhalten hatten, welche zusammen die Zahl der obenerwähnten 126 Stimmen ausmachten.

69. Nachdem auf diese Weise die Abstimmung und die Bischofswahl erfolgt war und der Präsident die Stimmzettel in Gegenwart Aller verbrannt hatte, bezeugte dieser der Versammlung seine Zufriedenheit mit der guten Ordnung, welche bei diesem festlichen Akte beobachtet worden, und gab ihr die Versicherung, den Wahlakt der hohen Landesstelle zu unterbreiten, von welcher dann die Vorstellung an Se. Majestät behufs der Bischofsernennung erfolgen werde. Der Vikar und nachher der Erzpriester Popasu sprachen den Commissären für ihr Bemühen und Wohlwollen bei diesem in mehrfacher Beziehung wichtigen Akte den Dank aus, worauf die Kommissäre die Versammlung für aufgehoben erklärten.

70. In Folge dieser Wahl geruhte Se. Majestät unterm 5. Februar (24. Jänner) 1848, den Vikar zum Bischof zu ernennen, ohne die Einschränkungen, die dem Bischofe Moga auferlegt waren. Die Bischofsweihe erfolgte am 18. April, dem Sonntage des heil. Apostel Thomas, in Karlowitz, durch den Erzbischof Joseph Maiacsics und die Bischöfe Eugenius Joannovics von Karlstadt und Stephan Popovics von Verschetz. Nachdem der neugeweihte Bischof in seine Eparchie zurückgekehrt war, hatte er wegen der politischen Unruhen eine schwierige Lage, welche ihm um so mehr Besorgnisse einflößte, je deutlicher er einsah, daß jene politischen Bewegungen das Leben der Kirche, des Clerus und des Volkes sowohl in religiöser, als auch in nationaler und politischer Hinsicht nahe berührten. Wir beschränken uns hier darauf, bloß soviel zu bemerken, daß unsere orthodoxe Kirche aus den Wirren jener politischen Bewegungen glücklich und

mit Gewinn hervorgegangen ist; denn sie wurde den anderen Religionen Siebenbürgens in staatsrechtlicher Beziehung gleichgestellt, sowie auch die romanische Nationalität der Eparchioten den anderen Nationalitäten als gleichberechtigt anerkannt wurde.

71. Nachdem im August des Jahres 1849 die Ruhe durch die kaiserliche Armee wiederhergestellt und der Bischof, die Erzpriester, Priester und eine große Anzahl Christen, aus den Donaufürstenthümern, wohin sie vor den Verderben bringenden Verfolgungen der revolutionären Partei geflüchtet waren, zurückkehrten, erließ der Bischof im September l. J. einen Hirtenbrief, worin er seiner Eparchie die Wiederherstellung der kaiserlichen Regierung mit dem Bedeuten kundgibt, daß nunmehr jeder Christ beruhigt sein und seinen Geschäften nachgehen könne, den Priestern aber wurde befohlen, die Eparchioten, welche mehr als ein Jahr gelitten, mit ihrer Seelsorge zu trösten. In dem zu Weihnachten erlassenen Hirtenbriefe wurde angeordnet, in allen Kirchen der Eparchie am ersten Feiertage Gott für den Sieg der kaiserlichen Waffen zu danken, und am dritten Feiertage, als dem Feiertage des ersten Märtyrers und Archidiakonus Stephan, Seelenmesse für alle während der Revolution dem Tode zum Opfer Gefallenen zu halten.

72. Durch die Fürsorge des Bischofs wurde auch die Synode zu Stande gebracht, welche am 12. März 1850 gehalten wurde, und an welcher, außer dem Bischof, 24 Erzpriester und 20 vornehme Eparchioten, welche der Bischof in Folge einer vorläufigen Berathung berufen hatte, theilnahmen. Die Berufung der Mitglieder der Synode mußte wegen des Belagerungszustandes, in welchem sich das ganze Land nach der

Unterdrückung der furchtbaren Revolution von 1848 und 1849 befand, auf diese Weise geschehen. Der Bischof setzte die Eparchie von der Abhaltung der Synode in Kenntniß, und verordnete, daß in der ganzen Eparchie Sonntag, den 11. März Gebete mit Anrufung des heil. Geistes, und Sonntag den 25. März Dankgebete in allen Kirchen gehalten würden, betreffs der Mitglieder der Synode aber wurde verordnet, daß sie sich am 10. März in Hermannstadt einfinden sollten, um Sonntag den 11. März dem Gottesdienste beiwohnen und das heil. Abendmahl nehmen zu können. Bei dieser Gelegenheit hielt der bischöfliche Protodiakon, Professor der Theologie und Dr. der Philosophie und der freien Künste, Gregor Pantasi, eine dem Feste, welches am folgenden Tage begangen werden sollte, sehr entsprechende Rede. Am 12. März nach dem Gesange der Anrufung des heil. Geistes „Imperate ceresсu", Früh um 8 Uhr eröffnete der Bischof die Versammlung mit einer Rede, in welcher er den vorherigen und gegenwärtigen Zustand der Kirche schilderte, darauf wurden die, die Kirche und die Schule betreffenden Gegenstände in Verhandlung genommen, ebenso auch das aus 23. §§. bestehende Protokoll, welches von allen Mitgliedern der Synode, die in der größten Eintracht und Liebe sechs Tage dauerte, unterzeichnet wurde. Sonntag den 19. wurden in der ganzen Eparchie Dankgebete gehalten, bei welcher Gelegenheit in der Kirche von Hermannstadt der Professor der Theologie Johann Hannia eine der Heiligkeit der Synode sehr angemessene Rede hielt.

73. Durchdrungen von ihrem Berufe fingen die Mitglieder der Synode, nachdem sie im §. 21 des Protokolls beschlossen hatten, Behufs Ankaufes eines der Eparchie

sehr nothwendigen Hauses in der ganzen Diöcese eine Kollekte zu veranstalten, sogleich an, zu dieser Kollekte beizutragen, und durch ihre Unterzeichnungen ihren Glaubensgenossen ein gutes Beispiel zu geben. Bei dieser Gelegenheit wurden von den Mitgliedern der Synode 6000 fl. C.-M. und in Folge der Kollekte in der Eparchie 20,062 fl., im Ganzen also 26,062 fl. Conv.-Münze zusammen gebracht. Mit dieser Summe wurde das in der Fleischergasse und das in der Josefstadt gelegene Haus sammt dem Garten gekauft. Die anderweiten, zum allgemeinen Wohle der Kirche und der Christen getroffenen Veranstaltungen wollen wir mit Stillschweigen übergehen und sie der Darstellung künftiger Geschichtschreiber überlassen.

74. **Ueber die Schulen.** Nachdem unsere Kirche in Siebenbürgen einen Bischof erlangt hatte, fing dieser sogleich an, im Einvernehmen mit dem Clerus und dem Volke für Schulen zu sorgen. Kaiser Josef II. hatte auf das Ansuchen des Bischofs zu verordnen geruht:

1. Daß die alten Schulen in einen besseren Zustand gesetzt und auf den größeren Dörfern neue errichtet werden sollten;

2. Daß jene Kirchengemeinden, welche sich Schulen zu bauen vornähmen, mit Auszeichnung behandelt werden sollten;

3. In den Komitaten z. B. in dem Szolnoker, wo das Volk arm ist, seien die Schulen so einzurichten, daß die Schüler aus mehreren Dörfern eine und dieselbe Schule besuchen könnten.

4. Daß die nöthigen Kosten theils durch Kollekten, theils durch das Schulgeld, welches zu entrichten die Eltern der Schüler verpflichtet seien, gedeckt werden sollten. Wo das nicht ausreiche, da solle der siebenbürgische, ja sogar der ungarische Studienfond in Anspruch genommen werden.

5. Zum Aufseher der Schulen sei ein Schulendirektor mit einem Gehalte von 400 fl. aus dem siebenbürgischen Sydoxialfonde, und zugleich 25 Lehrer mit je 50 fl. zu ernennen.

75. Der erste Schulendirektor war Demeter Eustatievics, welchen der Bischof Nikitits ernannt und dem Gouvernement vorgestellt hat; der zweite war Radu Tempean, der dritte Georg Hainesu, der vierte Moses Fulea, Erzpriester von Hermannstadt. Die Oberaufsicht über die Schulen wurde ununterbrochen von unserem Bischofe geführt; im Jahre 1838 aber wurde dieselbe aus uns unbekannten Gründen dem katholischen Bischofe übertragen. Auf der Synode von 1850 wurde auch über die Schulangelegenheiten verhandelt und beschlossen, daß die Aufsicht über die Schulen jedes Dechanates der betreffende Erzpriester, die Ober-Aufsicht aber der Bischof führen solle, welcher dem Kultus-Ministerium von Zeit zu Zeit Bericht zu erstatten habe. Es wurde ferner beschlossen, daß die Klerikalschule, welche bis dahin einen Lehrkurs von sechs Monaten gehabt, in ein pädagogisch-theologisches Institut verwandelt werden und jeder Kleriker verpflichtet sein solle, vor seiner Priesterweihe Schullehrer zu sein. Dieser Synodalbeschluß wurde der kaiserl. Regierung zur Bestätigung unterbreitet, welche auch erfolgt

ist. Der Direktor Moses Fulea wurde mit einer angemessenen Pension in den Ruhestand versetzt. Zugleich wurde das pädagogisch-theologische Institut mit einem zweijährigen Kurs für die Kleriker und einem einjährigen für die angehenden Lehrer organisirt und mit vier Professoren, welche sich mit der Heranbildung der Kleriker und Volksschullehrer befassen sollten, versehen. Die Zahl der in der Diöcese bestehenden Volksschulen beläuft sich auf 600, unter welchen sich drei Hauptschulen mit vier Klassen (in Kronstadt, den Siebendörfern und Reschinar), ferner Trivialschulen mit zwei Klassen (in Venetia und Schäßburg), finden. Als die Krone aller unserer Schulen aber steht das griechisch-orientalische Kronstädter Untergymnasium da. Unsere Kronstädter Kirchengemeinden, in deren Mitte sich aufgeklärte Männer befinden, hatten von Alters her die besten Trivialschulen der Diöcese. Sie haben früh genug erkannt, daß getheilte Kräfte nicht soviel vermögen, als wenn sie vereinigt sind. Auf dieser Grundlage entschlossen sich die Vorsteher der Kronstädter Kirchengemeinden noch im Jahre 1844 zur Errichtung eines Gymnasiums, an welchem, neben anderen in der Sprache ihrer Religion vorzutragenden Gegenständen ihre und Anderer Söhne erzogen und in dem von den Vätern ererbten Glauben, dem Schutzengel ihres ganzen Lebens, gekräftigt werden sollten. Dieser Entschluß konnte erst nach der Befreiung unserer Nation und Kirche von den Ketten der siebenbürgischen vormärzlichen Verfassung realisirt werden. So reichten die erwähnten Gemeinden im Jahre 1850 ihr Gesuch, betreffend die Errichtung eines Untergymnasiums, geeigneten Orts ein, in dem sie zugleich den für die Lehrergehalte bestimmten Fond angaben. Die erste Gymnasialklasse wurde schon im Jahre 1850/1, die zweite im folgenden Jahre u. s. w. eröffnet, bis im Jahre 1853/4 das Untergymnasium mit seinen vier Klassen vollständig bestand. Im Jahre 1852 am 17. September, dem Tage der heil. Sophie, wurde der Grundstein gelegt für das zu errichtende Gymnasialgebäude; im Jahre 1853 erfolgte vom Ministerium die Bestätigung des Gymnasiums und im Jahre 1856 die Erhebung desselben zu einem öffentlichen Gymnasium. Also hilft Gott, wo gute Absicht ist und die Kräfte mit Gewissenhaftigkeit und Vorsicht angewendet werden. Auf diese und nur auf diese Weise war es möglich, unser Kronstädter Gymnasium ins Leben zu rufen*).

76. Endlich erachten wir für nöthig, die Abhandlung über unsere Kirche in Siebenbürgen mit der kurzge-

---

*) Wenn Jemand von den Kronstädtern, vor zehn Jahren mit der Behauptung aufgetreten wäre: „Höret mich an, ihr vielgeprüften Romanen griechisch-orthodoxer Religion! Was lasset ihr den Muth sinken, — wisset, daß ihr im Jahre 1856 auf dem schönsten Platz Kronstadts ein Gymnasium haben werdet, auf welchem nicht nur euere Religion, die ihr so sehr liebt, sondern auch die Wissenschaften in euerer Sprache, die ihr nicht weniger lieb habt, vorgetragen werden, — was würden wir wohl diesem Optimisten geantwortet haben? Kopfschüttelnd hätten wir ihm geantwortet: Ja mein Bester! wir glauben es — wenn die Zinne *) sich in den Graben **) versetzen wird! So schwer, ja unmöglich hätte uns die Realisirung einer so gewagten Idee unter solchen Umständen geschienen!" — Aus der Rede des Direktors G. Muntsann. S. 8. 1856.

---

*) Ein Berg, der sich oberhalb Kronstadt erhebt.
**) Der Platz, auf welchem sich das Gymnasialgebäude befindet.

faßten Erklärung zu beschließen, daß die Kirche und die Christen sammt dem Clerus mit dem Zustande, in welchem unsere Religion politischerseits gehalten wird, nicht beruhigt sind; denn dieser Zustand ist abnorm, da es der Kirche bis noch nicht gelungen ist, ihre alte Metropolie und Jurisdiktion wieder herzustellen. Da aber die Kirche die stürmischen Zeiten überstanden und der Clerus und der größte und vornehmste Theil des Volkes nicht nur unversehrt, und mit dem kräftigsten Bewußtsein seines väterlichen Glaubens, sondern erneuert und verjüngt aus denselben hervorgegangen ist und heute eine lebendige und musterhafte Anhänglichkeit an seine Religion an den Tag legt, — was hinlänglich darthut, daß die Macht der Religion über die physische erhaben ist, so sagen wir: daß, da wir, Gott sei Dank, in Zeiten gleicher Berechtigung leben, auch jene Zeit nicht mehr ferne sein kann, wo wir unsere Kirche in Siebenbürgen in dem normalen Zustande sehen werden, der ihr gebührt im Vaterlande ihrer Bekenner, welche dasselbe bei jeder Gelegenheit vor den Feinden im Interesse der legitimen Regierung, von welcher auch viele der Eparchioten mit Adelsrechten belohnt wurden, vertheidigt haben.

Dritter Abschnitt.
Ueber die orthodoxe Kirche von Kumanien und Bihar.

77. Im §. 12 wurde dargethan, daß in Kumanien noch im dreizehnten Jahrhunderte eine romanische Hierarchie mit mehreren Bischöfen griechisch-orientalischer Religion existirt hat; sonst hätte Papst Gregor IX. dem

Könige von Ungarn Bela nicht geschrieben, er möge seinem dortigen Bischofe befehlen, sich einen Vikar zu nehmen; denn die Romanen weigerten sich, die Sakramente von dem lateinischen Bischofe von Kumanien zu nehmen und empfingen sie von falschen griechischen Bischöfen, — ferner, daß einige katholische Ungarn und Deutsche u. a., welche mit den Romanen zusammen wohnten, zu denselben übertraten." Da ferner der erwähnte Papst den König an den Eid erinnert, durch welchen er versprochen hatte, alle Nichtkatholiken in seinem Königreiche der katholischen Kirche zuzuführen, und die Romanen zu zwingen, denjenigen zum Bischof zu nehmen, den ihnen die Kirche, d. h. der Papst geben werde, so ist es begreiflich, daß unsere Kirche in Kumanien sich nicht nur nicht entwickeln oder wenigstens aufrecht erhalten konnte, sondern daß sie Gefahren ausgesetzt war, und daß sie im neunzehnten Jahrhunderte bis auf wenige Christen, die hie und da mit ihren Kirchen zu finden sind, erloschen ist; denn das Volk zog sich aus Kumanien in die Gebirge zurück und vermehrte da die Zahl ihrer Brüder aus Bihar.

78. Ueber Bihar. Daß jener Theil der romanischen Nation, welcher von Alters her in Bihar, nämlich in den Komitaten Großwardein, Béles, Arad, Szatmár, Szabolcs und Marmaros wohnte, seine eigene Hierarchie hatte, ist außer allem Zweifel; denn es liegt ja in der Natur der Sache, daß wo eine große Anzahl Christen leben, auch Bischöfe und Priester nicht fehlen können. Dies wird bestätigt: a) Durch den Titel unseres siebenbürgischen Erzbischofs Genabius, der auf dem zu Kronstadt 1560 erschienenen Predigtenbuche also lautet: „Genabius Erzbischof

von ganz Siebenbürgen und dem Gebiete von Barad, b. h. von Großwardein. b) Durch den Titel Varlaam's, Erzbischofs von Karlsburg unter österreichischer Regierung, auf dem im Jahre 1689 gedruckten Gebetbuche, welcher lautet: „Varlaam Erzbischof und Metropolit der heil. Metropolie von Karlsburg, Vád, Szilvás, Fogaras, Marmaros und der Bischöfe von Ungarn." Auf diese Zeugnisse hin glauben wir annehmen zu dürfen, daß wir in Bihar und besonders in Großwardein einen Bischof gehabt haben, welcher zu der siebenbürgischen Metropolie gehörte, und daß diese Eparchie, wenn nicht früher, doch sicherlich vom XIII. Jahrhunderte an, in welchem der Papst Gregor IX. den König Bela aufforderte, seinem Eide gemäß alle Schismatiker zum katholischen Glauben zu zwingen, zu existiren aufgehört hat, in Folge dessen auch die Seelenruhe unserer Christen aus Rumanien und Bihar verschwunden ist und unserer Kirche immer mehr Bedrängnisse und Fallstricke bereitet wurden.

79. In denselben Gegenden ist auch die abendländische Hierarchie aus Anlaß der Reformation von tiefgefühlten Schlägen nicht verschont geblieben; denn ein großer Theil der abendländischen Christen nahm die Lehre Kalvins an und ist derselben treu geblieben. Sodann haben die Türken, welche den größten Theil von Ungarn unterjocht hatten, den christlichen Völkern, ohne Unterschied der Konfessionen, die unmenschlichsten Ungerechtigkeiten, sowohl in politischer, als auch in kirchlicher Beziehung zugefügt. Die abendländische Hierarchie ist theils in Folge der Ausbreitung der Reformation in ihrem Schooße, theils in Folge der Grausamkeiten der Türken, ihres Bischofes verlustig geworden. Dieser traurige Zustand der Gegend von Großwardein, wo

unsere Christen damals den im Jahre 1695 verstorbenen
Ephräm zu ihrem Bischofe hatten, dauerte bis zu Anfang
des siebenzehnten Jahrhunderts. Endlich gelang es den kaiserlichen Waffen unter Leopold dem Großen, mit Gottes
Hülfe die Macht der Türken zu brechen und den Biharer
Komitat von den Muselmännern zu befreien. Bei Gelegenheit der Wiederherstellung seiner Regierung in diesen Gegenden, wo damals sehr wenige Katholiken wohnten, und so
zu sagen, die gesammte Bevölkerung aus griechisch-orthodoxen
Romanen, reformirten Ungarn *) sowie auch aus den, kurz
vorher (1690) aus Serbien mit dem Patriarchen Arsenius
Csernovics in die Gegend von Marmaros eingewanderten
Serben, welche dort 1695 auch einen Bischof Jesaias Diakovics mit der Residenz in Arad hatten, bestand, stellte der
Kaiser auch das lateinische Bisthum jure postliminii mit
allen seinen gehabten Gütern wieder her. Und da der kaiserlichen Regierung berichtet wurde, daß die Romanen aus
dem Biharer Komitat, nachdem sie ihres in Großwardein
residirenden Bischofs verlustig geworden, zur Union mit Rom
übertreten wollten, — was um so mehr Glauben finden
konnte, da, wie wir im §. 48 sahen, die Apostasie des romanischen Erzbischofs von Siebenbürgen gerade zu jener
Zeit erfolgt war: so erließ Kaiser Karl VI. die Verordnung, daß der Ueberschuß der Einkünfte des lateinischen Bischofs im Interesse der Union verwendet werden solle. Ein
romanischer Geistliche, Namens Meletius Kovacs wurde,
weil er zur Union übertrat, dem lateinischen Bischofe von
Großwardein als Sufragan an die Seite gegeben. Allein

---

*) Csaplovics, Slavonien und Kroatien pag. 49.

der der kaiserlichen Regierung erstattete Bericht, daß alle Romanen aus dem Biharer Komitat geneigt seien, zur Union überzutreten, scheint nicht sehr begründet gewesen zu sein; denn sie haben sich, gleich den Siebenbürger Romanen, in ihrer väterlichen Religion standhaft gezeigt. Hie und da gab es wohl Geistliche, welche ihre Apostasie verheimlichend, bei unseren Christen die Seelsorge nach wie vor ausübten; sobald aber das Volk einen solchen Apostaten erkannte, wollte es von ihm nichts mehr wissen.

80. Da unter so bewandten Umständen unser Bisthum in Großwardein nicht wiederhergestellt werden konnte: so war es eine natürliche und durch die Kirchensatzungen begründete Folge, daß sich unsere Christen mit den Erzpriestern und Priestern an den Bischof der orthodoxen Religion wendeten, der ihnen der nächste war, und da sie einen solchen in Arad fanden, so erkannten sie den dort, in Folge der vom Kaiser Leopold der serbischen Nation im Jahre 1695 ertheilten Privilegien, angestellten als ihren Bischof an. Da ferner unsere Christen vielen Unannehmlichkeiten seitens mancher allzu eifrigen Proselytenmacher, welche auch diejenigen, die zur Union nicht übergetreten waren, als Unirte behandelten, ausgesetzt waren: so wurde 1735 von der kaiserlichen Regierung, in Folge wiederholter Eingaben von unserer Seite, eine kaiserliche Kommission angeordnet, welche die wahre Sachlage in dieser Angelegenheit untersuchen sollte. Der damalige lateinische Bischof von Großwardein, zugleich Obergespan des Biharer Komitats, wußte die Kommission zu Gunsten der Union zu stimmen, indem er auch etliche Geistliche durch die Zusicherung einer besseren Subsistenz für seine Sache gewann. Diese gaben vor der Kommission

die Erklärung ab, daß das Volk sich zu derjenigen Religion bekennen wolle, zu welcher sich seine Geistlichkeit bekenne. Auf Grund solcher Angaben, die die Kommission von den wenigen, ihrem väterlichen Glauben treulos gewordenen Geistlichen aufnahm, wurde der Bericht in diesem Sinne an den Komitat erstattet, in Folge dessen denn auch die Erklärung erfolgte, daß alle Romanen aus dem Biharer Komitat die Union angenommen hätten und um die Errichtung des unirten Biethums bäten.

81. Während Ephräm, unser Bischof von Großwardein, noch am Leben war, ging ein Mönch, Jesaias, angeblich aus Debreczin, noch mit einem anderen im Jahre 1692 zum unirten Bischofe von Munkats und trug demselben für seine Person und alle Christen aus dem Biharer Komitate die Union an. Der Bischof nahm diesen Antrag an und ernannte den Mönch Jesaias im Jahre 1694, zum bischöflichen Vikar in dem erwähnten Komitat *), bald aber mußte er von dort zurückkehren, ohne eine reiche Ernte gehabt zu haben, denn er fand wenige Mitarbeiter. Nach Verlauf von etlichen Jahren ereignete sich ein anderes Unglück. Je würdiger nämlich der erste Bischof von Arad Jesaias Diakovics seines apostolischen Berufs war, desto kleinmüthiger und in seiner religiösen Ueberzeugung wankender war Joannicius Martinovics **), der im Jahre 1710

---

*) Wahrlich so sind die Apostel des Herrn bei der Einsetzung ihrer Nachfolger nicht verfahren!

**) Manche behaupten, daß dieser Bischof zur Union bloß deßwegen übergetreten sei, um die Unirten mit um so größerer Leichtigkeit zu unserem Glauben zurückzubringen; allein diese Behauptung scheint uns unbegründet.

auf den Bischofsstuhl folgte. Er ist im Jahre 1718 in Großwardein bei dem lateinischen Bischofe zur Union übergetreten, ein Schritt, in Folge dessen die Arader Eparchie mit dem ganzen Biharer Komitat neun Jahre, somit bis zum Jahre 1722 ohne Bischof geblieben ist. In dem erwähnten Jahre kam auf den Bischofsstuhl ein anderer, frommer und seinem Berufe treuer Oberhirt, Namens Sophronius Ravaniceanin, der die von vielen Drangsalen heimgesuchte Diöcese mit seinen oberhirtlichen Tugenden tröstete. Nach sieben Jahren starb er in dem Herrn, von allen seinen Eparchioten tief betrauert; denn obgleich er der serbischen Nation entstammte, so vertheidigte er doch den väterlichen Glauben der Romanen aus dem Biharer Komitat, tröstete und ermuthigte seine Christen unaufhörlich in den Bedrängnissen, die sie von ihren Widersachern erfuhren und machte der Regierung Vorstellungen zu deren Beseitigung. Auf ihn folgte im Jahre 1728 Vicentius Joannovics, welcher ebenfalls von seinem apostolischen Berufe durchdrungen war, — er wurde von seinen Christen auf seiner kanonischen Reise in der Eparchie liebevoll aufgenommen, von manchen aber auch insultirt, ja es wurde ihm sogar ein Pferd erschossen *).

82. Der Bischof Vicentius Joannovics saß auf dem Bischofsstuhl bloß drei Jahre, denn er ward 1731 zum Erzbischof von Karlowitz gewählt. Auf ihn folgte Je-

---

*) Manche wollen behaupten, daß ihn die Romanen insultirt hätten. Wir aber sagen, daß wir die Nationalität der Insultanten nicht kennen; daß sie jedoch nicht aus der Schaar seiner Gläubigen waren, das wissen wir sicher.

faias Antonovics, welcher die kaiserliche Regierung von den religiösen Umtrieben in Kenntniß setzte und mit Erfolg um Abstellung derselben bat. Der Kaiser Karl VI. verordnete unterm 1. März 1735 eine Kommission, welche sowohl die Nichtunirten, als auch die Unirten der betreffenden kirchlichen Jurisdiktion überantworten sollte. Diese gerechte allergnädigste kaiserliche Verordnung erreichte jedoch ihr Ziel nicht; denn die Kommissäre waren parteiisch und berichteten, daß die Romanen den Bischof von Arad als ihren Bischof nicht anerkennen und fast alle unirt bleiben wollten. Der lateinische Bischof von Großwardein verordnete auf Grund dieses Berichtes alsogleich, daß der Zehnte, von welchem die Nichtunirten durch die Landesgesetze befreit waren, von den Unirten ebenso wie von den Katholiken genommen werden solle.

89. Die Klagen wollten kein Ende mehr nehmen. Nunmehr waren auch die Unirten unzufrieden, denn sie mußten dem katholischen Klerus den Zehnten zahlen, wozu sie selbst vor dem Uebertritte zur Union nicht verpflichtet gewesen waren. Von den religiösen Umtrieben in Kenntniß gesetzt, ernannte die Regierung eine Kommission, welche in dieser Angelegenheit untersuchen sollte. Der Bericht der Kommission fiel zu Gunsten der Union aus; denn es wurde darin unter Anderem gesagt, daß es im Biharer Komitat keinen einzigen Schismatiker mehr gebe; zugleich aber hieß es in demselben, daß die Nichtunirten die Unirten überredeten, den Zehnten nicht zu entrichten, aus welchem Grunde denn auch mehrere von unseren Geistlichen, unter dem Vorwande, daß sie Aufwiegler seien, aus jenen Gegenden vertrieben wurden. Für die Unirten aber erschien in demselben Jahre 1737 die kaiserliche Verordnung, darüber zu wachen, daß nicht etwa,

wenn Jemand zur Union übertrete, dadurch dessen Zustand schlimmer werde, als er es zuvor gewesen *).

84. Die Kraft des kirchlichen Geistes der griechisch-orientalischen Romanen aus dem Biharer Komitat ist durch die Drangsale, die sie erlitten, nicht nur nicht geschwächt worden, sondern sie hat noch zugenommen und sich bis zur Demonstration gesteigert, nachdem diese erfahren, daß sie sogar von Manchen ihrer Geistlichen verrathen wurden. So versammelten sich im Jahre 1739 am 13. Juli, dem Feiertage des heil. Erzengels Gabriel, im Dorfe Lugas eine große Menge Christen, welche sich eidlich verpflichteten, bei ihrem alten Glauben standhaft zu verharren, die untreuen Geistlichen aber vertrieben sie aus ihren Pfarren. Die hervorragendsten auf dieser Versammlung waren: Gregor der Erzpriester von Pestis, der Pfarrer Thoma und Gabriel Giura aus dem Dorfe Serbu, welche wegen ihres glühenden Eifers für die Religion ihrer Väter mit Kerkerstrafe belegt wurden. Unterdessen bereiste der orthodoxe Bischof Jesaias seine Eparchie und belehrte das Volk, sich aller Demonstrationen zu enthalten, indem er darauf hinwies, daß die Geduld eine der Haupttugenden sei und dem Christen den Lohn des Himmelreichs bringe. Dann stellte er überall, wo es Noth that, Geistliche an, und auf diese Weise wurde die Ordnung und die Seelenruhe der Christen wieder hergestellt **).

---

*) Ne dum quis ex non unitis unionem amplectitur, per id deterioris, quam antea fuerat conditionis, quoad temporalia reddatur.

**) Einige wollen behaupten, daß der Bischof von Arad sich mancher Verführungsmittel bedient habe, um die Romanen

85. Der Bischof Jesaias hat nahe an 20 Jahre als Oberhirt gewirkt. Auf ihn folgte Sinesius Zsivanovics im Jahre 1751, welcher seine Eparchie im Sommer des Jahres 1750 ebenfalls besuchte und von einer großen Menge Christen, welche auf die Kunde von seiner Ankunft in Großwardein aus Stadt und Umgegend zusammen strömte, auf's Herzlichste aufgenommen wurde. Von dort setzte er seine Visitationsreise durch das ganze Biharer Komitat fort, wo die Erzpriester, Priester und andere Christen, besonders Kaufleute Alles aufboten, um ihren Bischof würdig zu empfangen und zu bewirthen *). **) — Wenngleich dieser Bischof

---

von der Union abzuhalten, namentlich, daß er versprochen habe, ihnen Befreiung von den öffentlichen Lasten, Steuern, dem Zehnten zu erwirken und sie der Privilegien, welche die serbische Nation bei Gelegenheit ihrer Einwanderung aus den türkischen Provinzen empfangen hatte, theilhaftig zu machen. Wir können solche Behauptungen nur für ein Gewebe von leeren Worten ansehen.

*) Zu dieser Zeit war die Zahl der Unirten sehr klein; es gab ihrer nämlich nur in Poceu, St. Andrä, Groß-Lieta, Großwardein, Haieu, Fencico, Krainikfalva, Urgeteg, Popesti, Petrani, Belani, Oseu und Vasad.

**) Der Bischof Sinesius wird von der Gegenpartei beschuldigt, er habe auch den Romanen versprochen, Ihre Befreiung von Robotten, dem Zehnten u. s. w. zu erwirken, wenn sie ihm ihre Namensunterschriften auf weißem Papier überreichten, welche er dann einer Bittschrift an Se. Majestät um ihre Befreiung von der politischen Bedrückung beilegen wolle. Wir betrachten auch diese Behauptung als eine Verdrehung der Wahrheit; denn der Bischof Sinesius nahm auf seiner kanonischen Visitation schriftliche Zeugnisse von den Kirchengemeinden darüber, sie seien nie zur Union übergetreten und bei

seine Visitationsreise mit höherer Bewilligung unternommen hatte und die Grenzen seiner Jurisdiktion nicht überschritt: so fanden doch seine Gegner Anlaß zu allerlei Klagen, wie wenn dem Gewissen irgend eines Menschen Zwang angethan worden wäre. Um diese Sache also ins Klare zu bringen, wurde im Jahre 1754 zu Großwardein eine Hofkommission verordnet, an welcher auch der Vertreter des Karlowitzer Erzbischofs, der Archimandrit Moses Putnik theilnahm. Diese Kommission hat hundert siebenzig Gemeinden anerkannt, und in ihrem Protokolle bestätigt, daß im ganzen Biharer Komitat 8667 Familien mit 14420 Knaben und Mädchen leben, von welchen bloß 255 Familien mit 431 Kindern der unirten Religion angehören*). Nachdem auf diese Weise den Reibungen und dem Treiben der unruhigen Geister ein Ziel gesetzt worden, ward zugleich das Bedürfniß fühlbar, die aus der großen Entfernung zwischen Arad und den Kirchengemeinden im Biharer Komitat sich ergebenden Schwierigkeiten für die kirchliche Verwaltung aufzuheben. Es wurde daher im Jahre 1793 in Folge kaiserlicher Genehmigung, von dem Arader Bisthum für den Biharer Komitat ein Konsistorium, mit dem Sitze in Varadvelencze**) errichtet,

---

ihrem väterlichen Glauben standhaft verharrt, mit der von den damaligen Zeitumständen gebotenen Vorsicht entgegen. Dieser bedurfte der Bischof, um seine Christen in Schutz nehmen zu können, da sehr Viele derselben von der Gegenpartei als Unirte behandelt wurden.

*) Csaplovics, II. Theil, Seite 51, 52.

**) Die Vorstadt von Großwardein, wo von Alters her das gr. orthodoxe romanische Bisthum stand.

welches zum Gedeihen der griechisch-orthodoxen Kirche und zum Troste der dortigen Romanen auch heutzutage noch fortbesteht.

86. So wie wir zur Steuer der Wahrheit des wahrhaft oberhirtlichen Eifers einiger früheren serbischen Bischöfe Erwähnung thun, die auch heute noch in gutem Andenken sind: ebenso müssen wir, wenn auch in der Kürze, im Allgemeinen sagen, daß der Araber Diöcese seitens der serbischen Hierarchie wenig geistlicher Trost zu Theil wurde. Mehrte doch diese nur den Kummer, der die dortigen Romanen in Folge der politischen Maßregeln zu Boden drückte! Diese fingen daher schon bald an, sich über die serbischen Bischöfe zu beklagen, weil sie bei denselben keine Fürsorge um die Wiedererlangung ihrer alten romanischen Hierarchie wahrnehmen konnten, im Gegentheil sich mehr und mehr überzeugten, daß Karlowitz sie unter seiner Botmäßigkeit hält, ohne daran zu denken, daß die Kirchensatzungen ihm die Vermittelung der Befreiung der romanischen Kirche von den Verfolgungen zur Pflicht machen. Demgemäß rekurrirten die Romanen, Priester als Laien, zu wiederholten Malen an Kaiser Franz I. um Gewährung eines romanischen Bischofs, und nicht ohne Erfolg. Der Karlowitzer Synode ward nämlich vom kaiserlichen Hofe die Weisung, in die Araber Diöcese nur Romanen zu Bischöfen einzusetzen. So bestieg denn als der erste Bischof romanischen Stammes den Araber Stuhl Nestor im Jahre 1829, darauf Gerasimus 1834, welcher Letztere auch 1850 eine Diöcesansynode hielt, welche die Unterordnung des Araber Bisthums unter die serbische Metropolie für antikanonisch erklärte und den Beschluß faßte, Sr. Majestät ein Bittgesuch um Wiedererlangung der alten

romanischen Hierarchie mit dem durch Regierungsmaßregeln eingegangenen Metropolitansitz in Siebenbürgen zu unterbreiten. Nach dem Ableben des Bischofs Gerasimus folgte ihm im Jahre 1853 der gegenwärtige Bischof Procopius nach.

87. Das antikanonische Vorgehen Karlowitz's erreichte in den letzten Jahren die höchste Spitze, und es bewahrheitete sich, daß ihm mehr die nationale Propaganda, als die Begründung religiöser Gesinnung am Herzen lag. Diese Propaganda nun betrieb Karlowitz auf eine in der christlichen Kirche unerhörte Weise. Raiacic nämlich ernannte für das Hodoscher Kloster in der Araber Diöcese einen Archimandriten, ohne den betreffenden Bischof romanischer Nationalität darüber befragt zu haben, setzte ihn in sein Amt durch einen fremden, den Temesvarer serbischen Bischof ein, löste mit beispielloser Willkühr das Kloster Hodosch von seinem wahren gesetzmäßigen Diöcesanverbande ab und theilte es der fremden Temesvarer Diöcese zu*). Wir sagen, der Metropolit Raiacic habe dies mit beispielloser Willkühr gethan, da ja über den Gegenstand auf keiner Synode war verhandelt worden. Natürlich beklagte sich der Araber Bischof Gerasim über diese Gewaltthat höhernorts; weil aber eine ausführliche und in's Detail gehende Schilderung der hierauf Bezug habenden Umstände die Geduld des Lesers ermüden

---

*) Der damalige Temesvarer Bischof war Panteleimon Jivcovics. Dieser war der erbittertste Feind Raiacic's, doch versöhnte er sich mit ihm, als er in's Neusatzer Bisthum, das im Rufe größerer Einkünfte stand, übersiedeln wollte. So hat er sich also um des Mammons willen zum Werkzeug Raiacic's herabgewürdigt! Doch hatte es Gott in seinem ewigen Rathschlusse anders gefügt, und Jivcovics gelangte nicht nach Neusatz.

würde, dann aber derselbe auch meinen könnte, der Verfasser dieses Werkes erlaube sich Uebertreibungen in dieser Sache, so hält er's für gerathen, ihm hier nur das Endresultat dieser Angelegenheit auf die authentische Weise vor Augen zu stellen, wie sie die folgende ministerielle Entscheidung darlegt: Erlaß des k. k. Ministeriums für Kultus und Unterricht ddto 17. Februar 1854, Nr. 3130/199 an die k. k. serbisch-banatische Statthalterei in Temesvar. Mit der Eingabe vom 18. Juni 1853, Nr. 429 hat der griechisch nichtunirte Patriarch und Metropolit von Karlowitz, aus Anlaß der von ihm verfügten Lostrennung des griechisch nichtunirten Klosters zu Hobosch aus dem Diöcesan-Verbande des griechisch nichtunirten Araber Bisthums, deren Ungesetzlichkeit mit dem hierortigen an die ungarische Statthalterei in Ofen erflossenen Dekrete vom 19. November 1852, Nr. 1762/94 ausgesprochen und sonach die Wiedereinverleibung mit der genannten Diöcese verfügt wurde, gebeten, daß

1. die Unterordnung des Klosters zu Hobos unter das Araber oder Temesvarer Bisthum definitiv bestimmt;

2. der serbische Charakter und der slavische Gottesdienst in diesem Kloster für alle Zeiten durch eine entsprechende Verfügung an das betreffende Diöcesan-Amt und politische Behörde beschützt, und

3. die angemessene Verfügung getroffen werde, daß dieses Kloster nach Maßgabe seiner geographischen Lage der serbischen Woiwodschaft und dem temescher Banate in politischer, finanzieller und juridischer Hinsicht untergeordnet und nur rücksichtlich seines Realbesitzes am rechten Ufer der Maros von der ungarischen Statt-

halterei abgängig gemacht werde. Hierüber findet man Folgendes zu verfügen, und zwar:

ad 1. Bereits mit den hierortigen, an die Statthalterei von Ofen gerichteten Erlässen vom 29. Jänner 1852 Zahl 438/22, 1851 und 15. November 1852 Zahl 1763 wurde die Zurückversetzung des griechisch nichtunirten Klosters zu Hodos in den Diöcesan-Verband des griechisch nichtunirten Araber Bisthums angeordnet, und dieselbe nach der Anzeige der Ofner Statthalterei vom 5. Februar 1853, Zahl 2468 auch bewerkstelligt. Da sonach bereits definitiv bestimmt ist, daß das genannte griechisch nichtunirte Kloster nach wie vor dem griechisch nichtunirten Bisthume von Arad untergeordnet sein soll; so behebt sich die diesfällige Bitte des griechisch nichtunirten Patriarchen von selbst, und zwar umsomehr, da die Gründe, welche der Patriarch gegenwärtig zur Rechtfertigung der von ihm eigenmächtig mit Uebergehung der kompetenten politischen Behörden verfügten Lostrennung von dem Verbande des Araber Bisthums anführt, bereits bei den früheren Erlässen allseitig gewürdiget wurden, und er gewiß sein konnte, in gerechten und billigen Ansprüchen und Vorschlägen die schnellste und ausreichende Unterstützung der Behörden zu erlangen.

ad 2. Die Aufgaben des Klosters Hodosch, so wie jedes kirchlichen Institutes kann nur in der möglichsten Förderung religiöser Zwecke gesucht werden. Ein engherziger nationaler Charakter kommt demselben daher eben so wenig wie der Kirche selbst zu, und kann daher auch aus der Nationalität der Stifter durchaus nicht abgeleitet werden. Vielmehr wird auf sprachliche nationale Verhältnisse nur in so weit Rücksicht zu nehmen sein, als es eben die Förderung der religiösen Zwecke erheischt, demnach die Wahl der Sprache, deren sich beim Gottesdienste bedient wird, von dem Kloster-Vorstande und von dem Diöcesan-Bischofe nach dem jeweiligen Bedürfnisse der Gläubigen, für welchen er gehalten werden soll, zu treffen und ebenso mit Rücksicht hierauf zu bestimmen sein, welcher Sprache die in das Kloster aufzunehmenden Mönche mächtig sein sollen.

ad 3. Was die gebetene Unterordnung dieses Klosters in politischer, judizieller und finanzieller Hinsicht unter die Behörden der serbischen Woiwodschaft und des temescher Banates anbelangt, so hat diese Bitte mit dem vorliegenden Gegenstande keinen unmittelbaren Zusammenhang, da durch die Grenzen der einzelnen Staatsverwaltungs-Organe die Grenzen und der Umfang der Diöcesen nicht berührt werden. Da übrigens die angeblichen Umstände, welche sich bei den Amtshandlungen der Behörden ergeben haben, nicht im Zwecke der getroffenen Organisirung und der davon bedingten Gebietseintheilung, sondern in der Handhabung und Ausführung der bestehenden Anordnungen ihren Grund haben dürften, und in dieser Beziehung von dem Klostervorstande die geeigneten Einleitungen zur Abhilfe bereits getroffen wurden; so ist auch der diesfällige Erfolg abzuwarten.

Man versieht sich aber hiebei, daß die Statthalterei, insoferne die angeregten Umstände noch nicht behoben sein sollten, solche Vorkehrungen treffen und auch unaufgefordert ins Werk setzen wird, wodurch mögliche Kollisionen zwischen den Behörden zweier Verwaltungsgebiete, wobei die Interessen der Unterthanen leiden, beseitigt werden.

Da nun auf diese Weise alle von dem Patriarchen angeregten Bedenken behoben sind, so hat die Statthalterei hievon den Patriarchen, dann das gr. nichtunirte Konsistorium von Temesvar zu verständigen und hiebei auch denselben zu bedeuten, daß nunmehr unter keinem wie immer gearteten Vorwande eine Abweichung von der getroffenen Verfügung Platz zu greifen habe, widrigens sogleich die Sequestration dieses Klosters eingeleitet werden müßte.

Vierter Abschnitt.
Von dem Banal.

86. Der Mangel an sichern Daten gestattet uns nicht den Schicksalen, welche die Kirche unserer Brüder im Laufe der Zeiten in dem Banate gehabt hat, zu folgen. Der Grund davon liegt in jener historischen Thatsache, daß das Banat lange Zeit der Schauplatz der Invasionen barbarischer Völker war, und ganz verheert, 164 Jahre unter dem türkischen Joche geseufzt hat, bis es im Jahre 1716 den kaiserlichen österreichischen Waffen gelungen ist, die Macht der Muselmänner zu brechen und dieselben aus dieser, von Gott so reich ausgestatteten Provinz zu vertreiben, welche nachher in kurzer Zeit mit schönen Städten und Dörfern

geschmückt, eine der herrlichsten und fruchtbarsten Provinzen geworden ist. Sobald die kaiserliche Regierung wiederhergestellt war, verließ das romanische Volk die Gebirge und kam aus den Waldungen der Karpaten in die väterlichen, fruchtbaren Ebenen herunter. Aber auch andere Völkerschaften fingen an in ziemlich großer Anzahl sich dort niederzulassen, namentlich Serben, Bulgaren, Magyaren, Deutsche, Franzosen und Italiener. Man sagt, daß bei Groß-Becskerek sogar eine spanische Kolonie sich angesiedelt und demselben den Namen Neu-Barcelona gegeben habe.

88. Ein Geschichtschreiber*) aus der zweiten Hälfte des achtzehnten Jahrhunderts schreibt, „das civilisirte Europa wisse noch wenig davon, daß im Banat und in dessen Umgegend sich nicht wenige Ueberbleibsel römischer Größe finden, daß dort aus dem Boden sehr häufig Medaillen und Münzen aus den ersten, mittleren und letzteren Zeiten des römischen Kaiserthums ausgegraben werden, daß endlich ein Theil der Bevölkerung, die Romanen, Abkömmlinge einer römischen, von Trajan nach Eroberung dieses Landes und des übrigen Daciens, dorthin verpflanzten Kolonie sind u. s. w." Ebenso behaupten wir auch, daß im Banat sich nicht wenige sehr alte Denkmale des Christenthums unter den Romanen finden, von welchen man aber bis jetzt noch wenig weiß. Es ist zu erwarten, daß der aufgeklärte Geist unseres Zeitalters, wenn nicht alle, doch wenigstens einen Theil der Alterthümer unserer dortigen orthodoxen Kirche zu Tage fördern wird. Wir aber glauben auf Grundlage der Kenntnisse, die wir

---

*) Grisalini, in der Vorrede, pag. 3.

im Allgemeinen von der Hierarchie der Kirche unserer romanischen Nation haben, annehmen zu dürfen, daß im Banat, welcher der Schauplatz der Verwüstungen schon in jener Zeit war, in welcher die barbarischen Völkerschaften der Gothen, Vandalen, Longobarden, endlich der Türken in dieser zuerst Dacia ripensis, nachher Gothien und endlich türkisches Gebiet genannten Donaugegend hausten, keine Hierarchie sich für die Dauer, sondern höchstens für eine kurze Zeit festsetzen konnte, inwiefern nemlich die politischen Verhältnisse die Kirche in die günstige Lage setzten, einen Bischof in der Mitte ihrer Christen zu haben. Wir glauben daher, daß der Hierarch des Banats zu Cernetin in der kleinen Walachei und besonders zu Severinu, welches von Alexander Severus gegründet und befestigt ward, seinen Sitz hatte. Diese Annahme scheint uns dadurch begründet zu sein, daß das Banat bis zum Jahre 1719, in welchem dasselbe vollständig unter Oesterreich kam, ein Zankapfel der Eroberer war, welche so viele Einfälle machten und sich daher nur von dem erwähnten Jahre an sowohl politisch, als auch kirchlich organisiren konnte. Ferner wurde die romanische Nation im Banat seitens der Regierung nicht allsogleich in einen besseren kirchlichen Zustand versetzt; denn die griechisch-orientalische Religion in Ungarn und Banat wurde erst im Jahre 1791 durch den 27. Artikel für recipirt und frei erklärt, dann ward auch die Metropolie von Karlowitz mit den nicht nur für die serbische Nation, sondern im Allgemeinen für die orthodoxe Kirche günstigen Privilegien erst im Jahre 1691 errichtet, von welcher Zeit an die romanische Nation im Banat in den kirchlichen und geistlichen Angelegenheiten den Bischöfen untergeben ist, welche auf Grundlage jener, der serbischen Nation ertheilten Privilegien, in Temesvar und Berschetz angestellt werden *).

89. Die romanische Kirche aus dem Banate fühlte den Mangel einer eigenen kanonischen Hierarchie, welche ihr durch politische Maßregeln entrissen worden war, um so schmerzlicher, je stiefmütterlicher die serbische Hierarchie sie behandelte und ohne allen Trost ließ, den zu gewähren sie als kirchliche Obrigkeit, zufolge ihres Berufes verpflichtet war; denn sie hatte fortwährend Bischöfe, die der romanischen Sprache unkundig und somit nicht im Stande waren, ihren ersten Beruf, den des Lehramtes, zu erfüllen, und die

---

*) Vergleiche darüber Ausführlicheres in dem Abschnitte über die Karlowitzer Metropolie. — Es gibt Manche, die unsere Brüder im Banat zum Abfalle von ihrer väterlichen Religion verleiten wollen, indem sie ihnen ihre serbischen Bischöfe vorhalten und andererseits die Erlangung von Nationalbischöfen in Aussicht stellen. Wir können solchen Proselytismus nur mit Indignation betrachten, freuen uns aber, daß unsere Brüder im Banat in dieser Sache unserer Meinung sind. Wir sind vollkommen überzeugt, daß die griechisch-orientalischen Romanen im Banat sehr wohl wissen, daß sie auch Bischöfe aus ihrer Nation haben werden, sobald die romanische Nation sich gleich den andern Nationen der Freiheit und Independenz ihrer Kirche erfreuen wird. Und diese Zeit kann nicht mehr ferne sein, da sowohl die Serben, als auch die Romanen griechisch-orientalischer Religion den Wunsch hegen, ihre Kirche auf einer sichereren Basis, als die jetzige ist, zu konstituiren. Dies wird auf der ersten Synode erreicht werden, die die Deputirten aller Eparchien aus dem österreichischen Kaiserstaate halten werden. Sobald dieser Wille der gesammten Kirche in Oesterreich vollständig entwickelt ist, wird auch die Abhaltung der Synode außer allem Zweifel sein.

Wunden zu heilen, die dem romanischen Volke der abnorme
Zustand seiner Kirche geschlagen hatte. Ebenso wenig kam
die serbische Hierarchie ihrem Berufe nach, den Kirchensatzungen gemäß, der romanischen Kirche zur Befreiung von
den Verfolgungen und zur Wiederherstellung ihres normalen
Zustandes zu verhelfen. Mit Schmerzen wird jeder Romane
aus dem Banate auch heute noch gewahr, wie die Worte
ihrer Ahnen, daß die serbischen Bischöfe die Romanen als
Fremde und ihre Feinde betrachten, zur Wahrheit werden;
darum werden diese Bischöfe von lauter Geistlichen serbischer
Nationalität umgeben, ihre Konsistorien bestehen fast aus-
schließlich aus serbischen Geistlichen, Erzpriestern, Archimandriten, Notären und Advokaten, oder aber aus abtrünnigen
Romanen; sie entfernen von sich jeden gebildeten romanischen Geistlichen und befördern ihn nicht zum Erzpriester,
indem sie stets einen Grund zur Verdächtigung finden, wenn
derselbe seiner Nation treu verbleibt. Im Gegentheil serbische Geistliche, wären sie noch so unbefähigt, ja sogar
Pfarrersgehülfen, befördern die hochwürdigen Herren zu Erzpriestern, damit ja die Reihe nicht etwa auch an einen be-
fähigten romanischen Geistlichen kommen möchte.

90. Für die Erziehung und Bildung des jungen
romanischen Clerus haben die serbischen Bischöfe gar keine
Sorge getragen; im Gegentheil für einen unlauteren Gewinn dispensirten sie Jeden von dem vorgeschriebenen Kursus.
Sie vermehren die Zahl der romanischen Geistlichkeit ohne
Bedürfniß der Kirche; es sind Fälle vorgekommen, wo sie
zu Pfarrersgehülfen neben den Geistlichen auch zwei Söhne
desselben einsetzten. Diese willkührliche Vermehrung und Ernennung der romanischen Geistlichen durch die serbischen

Bischöfe hat auch das Mißfallen der kaiserlichen Regierung und das Verbot derselben nach sich gezogen. Nicht vielmehr besorgt waren die serbischen Bischöfe um das Volksschulwesen und die Schulbücher. Außer einem kleinen Katechismus von 4 Bogen aus dem Jahre 1774 haben die hochwürdigen Herren kein anderes Schulbuch zu Tage gefördert. Wir müssen aber gestehen, daß unseres Wissens auch für die serbischen Volksschulen nichts Erhebliches geschehen ist, was von einer Wirksamkeit auf dem Gebiete der Erziehung und Aufklärung zeugen könnte. In diesem elenden Zustande fand die Regierung im Jahre 1850 das Volksschulwesen im Banate, zu dessen Beförderung sie zwei Schulräthe, einen Romanen und einen Serben ernannte.

91. Die Romanen aus dem Banate sahen dem antikanonischen und willkührlichen Gebahren der privilegirten serbischen Bischöfe auch deswegen mit Betrübniß zu, weil dieselben sich ihrer Orthodoxie rühmten, während sie andererseits der Orthodoxie zuwiderhandelten, indem sie die Kirchengemeinden von aller Mitwirkung in kirchlichen Angelegenheiten ausschlossen, Geistliche und Erzpriester ein- und aus-einer Pfarre in die andere und aus einem Dechanate in den anderen versetzten. Das stiefmütterliche Benehmen der serbischen Hierarchie gegen die romanische Kirche erhellt am klarsten daraus, daß die serbische Hierarchie, als sie im achtzehnten Jahrhunderte durch Regierungsmaßregeln genöthiget war, die Anzahl der Klöster zu vermindern, keine Sorge getragen hat, etliche auch von den romanischen Klöstern vor dem Untergange zu retten, sondern sie rettete nur die Klöster, welche entweder von Anfang an serbisch waren, wie

die aus Sirmien, oder welche sie serbisch machen konnte, wie die Klöster aus dem Banate: Zlatiza, Mesics, Sanct-Georg, Bezdin und Hodos bei Arad. In diesen Klöstern lebten, wie das Volk noch heutzutage erzählt, romanische und serbische Mönche in bester Eintracht zusammen, und den Gottesdienst verrichteten die romanischen Mönche romanisch und die serbischen serbisch. Wer die Hierarchie unserer Kirche seit 30 Jahren her kennt und irgend eines von diesen Klöstern besucht hat, konnte sich überzeugen, wie romanische und serbische Mönche mit einander in Eintracht lebten und Gott und der Christenheit dienten. Heutzutage sind aber in den Klöstern nur Serben oder abtrünnige Romanen, und der Gottesdienst wird nur in der serbischen Sprache verrichtet, wenngleich diese Klöster nie zu der bestandenen Woiwodina gehörten; hiemit glauben wir alles gesagt zu haben. Wie viele Sorge die serbische Hierarchie für die Erhaltung der serbischen Klöster getragen hat, ist leicht zu ersehen aus dem 4. Punkt, litt. c. des bellaratorischen Restriptes vom Jahre 1779, wo es heißt: Da Wir aus besonderer Gnade zum Trost der Nation die Wiederherstellung des Klosters Gergeteg in den vorigen Stand bewilligen, anburch aber dem Erzbisthume die Einkünfte von dem Gut Rerabin und dem praedio Bankovcze, in Betrag von 5000 fl. entgehen, so werden diese 5000 fl. demselben aus unserem aerario in so lange jährlich erfolgt werden, bis hiezu ein anderweiter Fondus vorgefunden worden sein wird; jedoch sollen zu gleicher Zeit, als das besagte Kloster Gergeteg wiederhergestellt sein wird, auch die übrigen Klöster, deren Aufhebung in der vorletzten Synode beschlossen worden ist, annoch aufgehoben werden.

92. War die Synode befugt, die Aufhebung dieser oder jener Klöster, ohne die Versammlung, oder, wie Manche wollen, ohne den Nationalkongreß zu beschließen? Sind denn die Klöster das Eigenthum der Synode, deren Aufhebung sie beschließen könnte? — Die Beantwortung dieser Fragen überlassen wir den serbischen Bischöfen.

93. Die romanische Nation hat die stiefmütterliche kirchliche Gewalt der serbischen Hierarchie nicht nur nicht anerkannt, sondern auch ihre Stimme gegen sie mehrmals erhoben und die Befreiung von ihr bei der Regierung nachgesucht. Beweise dafür sind die zahlreichen Bitten der Romanen aus dem Banate und Ungarn um Bischöfe von ihrer Nationalität. Allein es ward ihnen wenig geholfen, denn höheren Orts verordnete man nur so viel, daß die Karlowitzer Synode in Arad zum Bischof einen Romanen, in Temesvar und Verschetz aber Bischöfe serbischer Nationalität, die jedoch auch romanisch verstehen, einsetzen solle, aber auch diese so günstige Verordnung der Regierung ward von der Synode vom Jahre 1852 nicht in Vollzug gebracht, denn man kann mit Recht von den jetzigen Bischöfen von Temesvar und Verschetz sagen, daß sie der romanischen Sprache nicht mächtig sind, da sie bis jetzt ihre Befähigung in der romanischen Sprache, wie solche von einem gelehrten und gebildeten Mann verlangt wird, weder schriftlich, noch mündlich an den Tag gelegt haben; zwei drei Worte mit Jemand sprechen können, heißt aber noch nicht irgend einer Sprache mächtig sein! Die Vorgänger der jetzigen Bischöfe aber, Raiacsics und Zsivkovics, sprachen gar nicht romanisch.

94. In solch trauriger Lage befand sich unsere Kirche im Banat infolge der Regierungsmaßregeln, durch

welche unsere Brüder von dort der serbischen Hierarchie untergeordnet wurden. Ist es also ein Wunder, daß im Jahre 1848 die Nationalversammlung von Lugos sich feierlichst erklärte, in keinem Falle mehr die kirchlichen Fesseln, in denen die Regierung und die serbische Hierarchie sie hält, zu leiden, die serbischen Bischöfe nicht länger als ihre kanonischen Bischöfe anzuerkennen und im Sinne der Kirchensatzungen unter nationale Bischöfe kommen zu wollen. Dieselbe wählte sich zwei Generalvikare bis sie sich darüber auch mit den anderen romanischen Religionsgenossen, die der alten Metropolie angehörten, würde verständigen können.

95. Als Entschuldigung auf die Vorwürfe der Romanen wegen ihrer erloschenen Klöster, bringt die serbische Hierarchie vor, daß die Romanen keine Klöster gehabt haben, daß dieselben keine Neigung zum Mönchsstande hätten, und daß die serbischen Klöster aus dem Banate serbische Nationalkleinobien seien*). Darauf antworten wir nur so viel, daß derartige Repliken man nur geeignet nennen kann, zu beweisen, wie wenig sich die Replikanten um die Kenntniß der Geschichte der romanischen Kirche aus dem Banate interessiren, und von welchem Eifer sie für die Orthodoxie beseelt sind. Aus diesem Grunde erachten wir nicht für überflüssig, hier einige Aufklärung über die kirchlichen Monumente der orthodoxen Romanen aus dem Banate zu geben:
1. Auf dem Felsen des Berges bei dem Dorfe Varadia war ein romanisches Kloster, welches durch die türkischen Einfälle aus dem 17. Jahrhundert erloschen ist. 2. Auch

---

*) Siehe den „Wanderer" vom 31. August 1860 Nr. 201 und 202, den „Telegr. rom." Nr. 44. 1860, Seite 174—175.

das Kloster von Semliak hat durch die Türken sehr viel gelitten; wann dasselbe erloschen, ist unbekannt, seine Kirche aber steht auch heute noch. 3. Das Kloster beim Dorfe Partos ist zufolge des Beschlusses der Karlowitzer Synode aufgehoben worden. 4. Im Walde bei Csiklova war auch ein romanisches Kloster „Calugera" genannt; dort ist eine Quelle, deren Wasser das Volk auch heutzutage Heilkräfte zuschreibt. 5. Es geht die Sage noch von einem gewesenen Kloster bei dem Dorfe Remete und von einem anderen Kloster auf dem rechten Ufer der Maros gegenüber dem Dorfe Kilmal. Aus den hier vorausgeschickten zuverlässigen Daten folgt, daß die serbische Hierarchie für ihre Nationalität so sehr eingenommen war, daß sie, sei es mit oder ohne Wissen, auch die historischen Monumente der Pietät, mit der die orthodoxen Romanen noch von Alters her ihrer Kirche anhingen, in Abrede stellt.

Fünfter Abschnitt.

Ueber die Kirche in der Bukowina.

96. Indem wir hier die wichtigsten geschichtlichen Daten unserer Kirche in der Bukowina auseinandersetzen wollen, sehen wir uns genöthigt, uns auf die Periode zu beschränken, seit welcher diese Provinz unter Oesterreich gekommen ist, d. i. seit 1774, in welchem Jahre Oberhirte der Bukowina der im Jahre 1789 verstorbene Bischof von Rabantz, Dosilheus Harescu war. Das Bisthum von Rabautz gehörte mit denen von Roman und Huffi zu der Metropolie der Moldau. Die Losreißung des Rabautzer

Bisthums von der moldauischen Metropolie soll mit Einwilligung der erwähnten Metropolie erfolgt sein, — worauf dann freilich die Kirche in der Bukowina organisirt werden mußte. Schon im Jahre 1786 erfolgte seitens der Regierung die Regulirung der kirchlichen Angelegenheiten, welche nebst Einleitungen über den Religionsfond, die Verbesserung des Erziehungswesens, die Disciplin und Bildung des Clerus, sowie über die Eintheilung der Geistlichkeit in Weltpriester und Mönche, noch Maßnahmen enthält, nach welchen die Pfarrer angestellt, die Mönchsklöster auf drei (Putna, Suceava und Dragomirna) heruntergebracht, die Nonnenklöster aber gänzlich aufgehoben werden, indem den Nonnen ihr Lebensunterhalt mit der Weisung zugesichert wurde, nicht zusammen zu leben und kein Kloster mehr zu stiften. Der Geistlichkeit wurden kanonische Portionen von je 44 Morgen zugetheilt, und im Falle daß ihre Einkünfte sammt der Stolargebühr nicht 300 fl. erreichten, die Ergänzung derselben aus dem Religionsfonde versprochen. Der Bischof hängt, wie die anderen Bischöfe von Ungarn, von dem Karlowitzer Erzbisthume ab, mit Ausnahme der Bestimmungen der von den Königen der serbischen Nation ertheilten Privilegien. Im Falle der Vacanz des Bischofsstuhles werden zu dessen Besetzung seitens der Regierung die nöthigen Schritte gethan, worauf dann die Ernennung des Bischofs durch Se. Majestät erfolgt. Der Karlowitzer Erzbischof hat das Recht der Namhaftmachung desjenigen, den er für würdig hält, nicht aber der Kandidation. Der Bischof bezieht seinen Gehalt von 9000 fl. aus dem Religionsfonde, welchem die bischöflichen Güter von Kotzman und Rabautz einverleibt wurden. Der Bischofssitz von Rabautz wurde in

Folge einer politischen Maßnahme nach Czernovicz verlegt. Dem Bischof Dositheus Harescu folgte auf den Bischofsstuhl im Jahre 1789 der Archimandrit von Bezdin im Banat, Daniel Blachovics, auf diesen im Jahre 1822 Jesaias Belasescu, und auf diesen im Jahre 1835 Eugenius Hakmann, der auch heute noch die Heerde Christi mit der Milch des rechten Glaubens erquickt.

97. Auf Grundlage der erwähnten Regulirung ertheilt das Konsistorium den Mönchen die Weisung, sich im Falle der Erledigung der Probststelle den Probst zu wählen, welchen das Konsistorium, wenn es die Wahl für gut befunden, bestätigt und davon das Gouvernement in Kenntniß setzt. Wenn aber der gewählte Probst nicht bestätigt werden kann, so wird eine neue Wahl angeordnet, und wenn auch diese unbefriedigend ausfällt, so werden die diesbezüglichen Schriften dem Gouvernement mit einem Gutachten zur endgültigen Entscheidung vorgelegt. Dem Bischofe steht das Recht zu, den Probst zum Archimandriten zu befördern. Das Diöcesan-Konsistorium besteht aus dem betreffenden Bischofe, einem Archimandriten, der auf Vorschlag des Bischofes von Sr. Majestät zum Konsistorialpräses ernannt wird, ferner aus einem Probste, zwei Erzpriestern, zwei Priestern und den anderweiten erforderlichen Organen. Das Konsistorium hat das Recht, in geistlichen Angelegenheiten Recht zu sprechen, und der mit dem Konsistorialbeschlusse unzufriedene Theil kann an den Karlowitzer Erzbischof rekurriren. Niemand darf zum Priester oder zum Mönch geweiht werden ohne Einwilligung der politischen Regierung.

98. Die Diöcese der Bukowina hat ein gut organisirtes Klerikalinstitut mit sechs Professoren und einem vier-

jährigen Lehrkursus. Sie hat in Czernovicz eine Präparandie mit einem zweijährigen Kursus und eine nationale Trivial=schule in Seret, wo auch eine Mädchenschule existirt, ferner bestehen in den Städten und auf den größeren Dörfern noch andere zwei und zwanzig nationale Trivialschulen. Die Auf=sicht über diese Schulen ist den Distriktual=Erzpriestern und die Oberaufsicht dem Konsistorium anvertraut. Zu erwähnen ist noch das erzbischöfliche Kloster von Suceava, wo einst die Metropoliten der Moldau ihren Sitz hatten, und die große Kirche daselbst, in welcher die Reliquien des heil. Johann von Suceava aufbewahrt werden, dessen Erinne=rungstag am zweiten Juni gefeiert wird. Dies Kloster be=steht auch heute noch, — hat einen Archimaudriten und zwei Mönche, welche, wenn wir gut unterrichtet sind, auf Vor=schlag des betreffenden Bischofs, von dem Metropoliten der Moldau ernannt werden.

99. Die heutige Eparchie der Bukowina besitzt einen Religionsfond, bestehend aus großen unbeweglichen Gütern und einem Kapitale von etwa sieben Millionen Gulden. Die jährlichen Ausgaben dieses Fondes belaufen sich nach allgemeiner Muthmassung auf 150,000 fl. Dieser Fond wurde aus den bischöflichen Besitzungen und den ein=gezogenen Gütern der Klöster gebildet.

100. Nach der neuesten Zählung hat die Bukowina 456,920 Einwohner, von welchen 352,079 unserer Reli=gion angehören; es gibt aber in der Bukowina auch an 2900 Seelen, die sich zu der sogenannten Sekte der Phi=liponauer oder Lipovaner bekennen. Diese Sekte ist aus den russischen Raskolniken hervorgegangen, die zuerst in Rußland auftauchten, von wo sie auch gekommen sind. Diese Flücht-

linge bauten sich im Dorfe Funtana-Alba eine Kirche, welche von einem ebenfalls aus Rußland flüchtigen Priester eingeweiht und mit einem entwendeten Antimiffe versehen ward. Die Regierung hielt sie anfangs für katholische Christen; da sie sich aber verstärkten und durch neue Sektirer aus Rußland, von wo sie auf die Kunde des Wohlbefindens ihrer Brüder schaarenweise in die Bukowina kamen, einwanderten, drei Gemeinden bildeten und im Dorfe Kiernik eine Kirche in Form eines Klosters, welches nur verworfenen russischen Mönchen zum Aufenthalte diente, gründeten: so sah die Regierung ein, daß diese Leute eine besondere Sekte bilden und daß sie nicht auf dem rechten Wege sind; weßwegen sie auch anfing, die Sekte in der Bukowina auszurotten, ihr Kloster aufzulösen und jene Mönche aus dem Lande zu verweisen. Die Lipovaner fanden indessen Freunde und erwirkten im Jahre 1844 den Mönchen die Erlaubniß, im Kloster zu bleiben und sich einen Bischof zu wählen, der ebenfalls im Kloster wohnen und die geistlichen Angelegenheiten besorgen solle. Voll Freude darüber, erwählten die Lipovaner den Mönch Gerontius zum Vorsteher des Klosters, und unter der Maske eines österreichischen Kaufmannes schickten sie ihn nach Rußland, um ihre dortigen Brüder, die Raskolniken von dem guten Zustand, in dem sie sich in der Bukowina befinden, in Kenntniß zu setzen. Der erwähnte Mönch ging bis nach Moskau und Petersburg und kehrte mit vielen Geschenken nach Hause zurück. Da es ihnen nun auch an einem Bischof fehlte, so beschlossen zwei, Namens Alipius und Paul, die Bischofsweihe zu erlangen. Sie versuchten ihr Glück in der Moldau, Walachei und in anderen östlichen Provinzen, bis sie endlich nach Konstantinopel kamen, wo sie mit Ambrosius, dem gewesenen Metropoliten zu Saraevo in Bosnien, der wegen Simonie von seinem erzbischöflichen Stuhle entfernt und in Konstantinopel unter Aufsicht gehalten wurde, Bekanntschaft machten. Ambrosius erklärte sich nach kurzer Unterredung für die Partei der Lipovaner und setzte es durch, daß sie ihn zu ihrem Bischofe nahmen. Hiemit waren Alipius und Paul einverstanden, und gingen nach Wien. Bald darauf erfuhr das Patriarchat, daß Ambrosius, der verurtheilte Metropolit von Saraevo, verschwunden sei, und da dessen Aufenthaltsort nicht ausfindig gemacht werden konnte, so erließ der damalige Patriarch Antim unterm 14. Oktober 1846 ein Schreiben, in dem er sich also erklärt: „Vor einiger Zeit verschwand plötzlich und unversehens von hier, nämlich von Konstantinopel der gewesene Bischof zu Saraevo in Bosnien, Namens Ambrosius, welcher hier im Frieden lebte, nachdem er von der Leitung der bosnischen Eparchie vertrieben worden war. Es gehen über ihn seitdem er verschwunden ist, verschiedene Gerüchte, und zwar sagt man, daß er wegen der großen Armuth, die ihn bedrängte und wegen Mangel an Beschäftigung entflohen sei."

Zweites Capitel.

Ueber die Lage der Kirche unter der serbischen Nation.

Erster Abschnitt.
Allgemeine Bemerkungen.

101. Der Gründer der kirchlichen Unabhängigkeit der Serben war der heil. Sabbas, Erzbischof von Serbien, welcher ein Oberhirt von besonderer Begabung war, aus welchem Grunde ihn die serbische Nation zu ihrem Patronen wählte und sein Andenken alle Jahre am 14. Jänner feiert. Der heil. Sabbas war der Sohn des ersten Herrschers der Serben, Neemania, der auch König genannt wurde. Aus Neigung zum Mönchsleben verließ er heimlich das väterliche Haus, ging auf den Berg Athos und trat dort im Jahre 1159 in den Mönchsorden, in dem er für seinen Taufnamen „Ratzko" den Mönchsnamen „Sabbas" erhielt. Nicht lange darauf wurde er zum Diakonus, Mönchspriester und endlich zum Archimandriten geweiht. Nach etlichen Jahren vertauschte auch sein Vater, der Regierungsgeschäfte überdrüssig, das Scepter mit der Mönchskutte in dem von ihm selbst gegründeten Kloster Stubenitza. Er

erhielt den Mönchsnamen Simeon. Darauf ging er auf den Berg Athos zu seinem Sohne, wo sie beide das berühmte Kloster „Hillendar" stifteten, welches mit Einwilligung des Patriarchen von Konstantinopel und des griechischen Kaisers für Mönche serbischer Nationalität bestimmt wurde und auch heutzutage bloß von serbischen Mönchen bewohnt wird. Nach dem Tode Simeons kehrte Sabbas im Jahre 1205 auf das Verlangen seines Bruders, des ersten gekrönten Königs Stephan, in sein Vaterland zurück, brachte zugleich die Reliquien seines Vaters mit und begrub sie im Kloster Studenitza, wo er Probst wurde. Darauf reiste Sabbas nach Konstantinopel, wo er vom Patriarchen mit Ehren aufgenommen wurde. Bei dieser Gelegenheit setzte er unter Anderem dem Kaiser und dem Patriarchen auseinander, wie er und sein Vater sich bestrebt hätten, die damals aufgetauchten Häresien auszurotten und wie es zum Gedeihen der Orthodoxie gereichen würde, wenn die serbischen Provinzen einen Erzbischof erhielten. Der Kaiser und der Patriarch billigten diesen Antrag unter der Bedingung, daß Sabbas die erzbischöfliche Würde selbst annähme. Dies lehnte er zuerst ab, endlich aber siegte die Sehnsucht nach seinem Vaterlande über seine Anspruchslosigkeit, und so wurde er vom Patriarchen von Konstantinopel im Jahre 1219 zum Bischofe geweiht, somit war er der erste serbische Erzbischof.

102. Durch die Erfahrung gelangte der Erzbischof Sabbas zu der Ueberzeugung, daß seinem Vaterlande große Vortheile daraus erwachsen würden, wenn es unabhängig und nicht genöthigt wäre, seinen Erzbischof von Konstantinopel aus zu empfangen, und wenn die vaterländische Geistlichkeit und das Volk das Recht hätten, ihren Erzbischof

selbst zu wählen. Daher hat er sich um dieses Recht bei dem Kaiser und dem Patriarchen sehr viel verwendet, und obwohl es diesen schwer fallen mußte, auf den Antrag des Erzbischofs einzugehen, so ließen sie sich doch durch die Zeitumstände bestimmen, die Bitte des Metropoliten Sabbas zu gewähren, und so wurde diesem das nachgesuchte Recht durch ein feierliches Diplom ertheilt.

Sabbas, der Gründer des unabhängigen Erzbisthums, hat nachher noch viele Jahre gelebt und für das Wohl der serbischen Kirche segensreich gewirkt. Nachdem er ein hohes Alter erreicht, unternahm er eine Reise nach Jerusalem, kam auf der Rückreise nach Tarnova, wo er den bulgarischen König Assan besuchte, daselbst erkrankte und in dem Herrn verschied. Von dort ward er in sein Vaterland gebracht und in dem von ihm gestifteten Kloster Milesevo zur Ruhe bestattet. Von hier aber ward der unverwesete Leichnam auf Befehl des Sikán Pascha im Jahre 1595 nach Belgrad gebracht und auf dem Hügel „Vracsar" verbrannt.

103. Sabbas ernannte noch vor seiner Abreise nach Jerusalem den Mönch Arsenius zu seinem Nachfolger und weihte ihn ein. Auf diesen folgten mehrere Erzbischöfe bis zum Jahre 1340, in welchem Joannicius II. Erzbischof war, und Stephan Duschan der Mächtige genannt, über die Serben herrschte. Dieser im Kriege sehr glückliche Herrscher begnügte sich mit dem bloßen Königstitel nicht, eroberte die griechischen Provinzen nacheinander und suchte das Scepter und die Kaiserwürde des griechischen Reichs an die serbische Nation zu bringen. Er berief in die Stadt Skopla die Geistlichkeit und die Würdenträger seiner Provinzen, rief den Erzbischof Joannicius zum Patriarchen der Serben aus

und ließ sich von diesem zum Kaiser der Serben, Griechen und Bulgaren krönen und salben.

Nach dem Tode des ersten Patriarchen versammelte sich die Geistlichkeit in Serez und erwählte Sabbas IV. zum zweiten Patriarchen, bei welcher Gelegenheit Duschan zum zweiten Male gekrönt, und beschlossen wurde, die griechischen Erzbischöfe nach Konstantinopel zurück zu schicken. Der Patriarch von Konstantinopel, Calixtus, von den Beschlüssen dieser Nationalsynode in Kenntniß gesetzt, war darüber so sehr entrüstet, daß er den Kaiser und den Patriarchen sammt der ganzen Geistlichkeit in den Kirchenbann that. Von Reue überwältigt, suchte darauf der Kaiser Duschan die Sache durch seine Gesandten beim Patriarchen von Konstantinopel wieder gut zu machen, allein ohne Erfolg. Indeß war damals das griechische Reich viel zu schwach, als daß es den Siegen Duschan's hätte ein Ziel setzen und verhindern können, daß derselbe ohne Einwilligung der griechischen Regierung zum Kaiser gekrönt werde.

104. Der Kirchenbann wurde erst in den Zeiten des serbischen Knezen Lazar aufgehoben. Dieser sandte den Mönch Jesaias zum Patriarchen mit dem Auftrage, von demselben die Aufhebung des Bannes zu erwirken. Der erwähnte Mönch war so glücklich, vom Patriarchen die Absolution sowohl für die Verstorbenen, als auch für die Lebenden, jedoch unter der Bedingung zu erlangen, daß die Serben künftighin aufhören sollten, die griechische Nation zu verfolgen und zu unterdrücken. Dies wurde in Konstantinopel zu Stande gebracht, und beschlossen, daß den serbischen Erzbischöfen nicht nur ihre Unabhängigkeit, sondern auch der Patriarchentitel verbleiben solle. Diese Beschlüsse wurden

dem serbischen Gesandten schriftlich eingehändigt, und von diesem und zwei ihn begleitenden Griechen nach Prizzen, der Residenz des Knezen Lazar, gebracht, und dort sammt der Absolution in der Kirche der Gemeinde vorgelesen. Noch vor der Rückkehr der griechischen Gesandten starb der Patriarch Sabbas, worauf die Erzbischöfe, Bischöfe und Archimandriten zu Ipek, dem Sitze des serbischen Patriarchen, zusammentraten und Ephräm zum Patriarchen wählten. Dieser krönte im Jahre 1376 in Gegenwart der griechischen Gesandten Lazar zum zweiten Male zum serbischen Kaiser. Hieburch ward den Feindseligkeiten zwischen der griechischen und serbischen Hierarchie ein Ziel gesetzt und die Ruhe und die Eintracht wiederhergestellt. Von dieser Zeit an lebten in Ipek auch während der türkischen Invasionen mehrere serbische Patriarchen, und zwar bis zum Jahre 1767, in welchem Samuel auf dem Patriarchenstuhl saß. Im Jahre 1690 ist der Patriarch von Ipek Arsenius Csernovicz mit mehreren Tausend Familien serbischer Nation in die österreichische Monarchie eingewandert. In Folge dieser Einwanderung gründete derselbe die serbische Hierarchie, welche aus einem Erzbisthume und den Bisthümern von Temesvar, Szegedin, Ofen, Mohacs oder Sziget, Verschetz und Großwardein oder Agria besteht. (Vgl. das kaiserl. Diplom vom 4. März 1695). Der zweite serbische Patriarch, der im Jahre 1737 ebenfalls mit mehreren Tausend Seelen nach Oesterreich eingewandert ist, war Arsenius Joannovics Schakabent, der in Karlowitz der sechste Metropolit war. Nach der Uebersiedelung dieser zwei Patriarchen von Ipek, traf diesen nationalen Patriarchenstuhl das harte Loos, daß er, nach dem im Jahre 1769 erfolgten Tode des Patriarchen Samuel, aufgehoben wurde. Dazu trug viel die türkische Regierung bei, deren Absicht es war, alle Bischöfe der türkischen Provinzen dem Patriarchen von Konstantinopel, dessen Amtswirksamkeit durch türkische Firmane beschränkt war, unterzuordnen. Aus diesem Grunde existiren heute zu Belgrad in Serbien, zu Tarnova, Sophia, Scopia, Samok, Serez, Kastoria und Prizzen in Bulgarien, dann zu Saraevo in Bosnien, zu Strumniu und Vidin in Macedonien — bloß erzbischöfliche Stühle.

Zweiter Abschnitt.

Ueber die rechtgläubige Kirche in der serbischen Woiwodschaft, im temescher Banat, Ungarn, Slavonien und Kroatien.

105. Neben dem von uns in den Abhandlungen über unsere Kirche in Siebenbürgen, Banat, Kumanien und dem Biharer Komitat Erwähnten führen wir hier den Geschichtschreiber Gottfried Friedrich Schwarz *) an, welcher den Versuch macht zu beweisen, daß Ungarn zuerst durch griechische und erst später durch lateinische Geistliche zum Christenthume bekehrt worden sei. Obwohl die abendländische Kirche unter dem heil. Stephan, dem Könige von Ungarn bevorzugt und zum ersten katholischen Bischof der Abt von Kolocsa Astricus ernannt worden war: so sagt doch der Papst Innocenz III. in seinem Schreiben vom 17. Oktober

---

*) Initia Religionis christianae inter Hungaros Ecclesiae orientali adserta. Hallae 1740.

1204 an den König von Ungarn, daß zu Anfang des dreizehnten Jahrhunderts in Ungarn nur **ein** katholisches Kloster, griechische aber mehrere gewesen seien *). Ja, selbst der König Ladislaus Cumanus (1272—1290) ist, obwohl in der römisch-katholischen Religion erzogen, auf den Rath des serbischen Erzbischofs Sabbas zur griechischen Kirche übergetreten **).

106. Schwartner in seiner Statistik Buch I. S. 157, sagt: „Wenn ich nicht irre, so liegt im Charakter „der griechischen Kirche jene beachtenswerthe Eigenthümlich„keit, daß sie sich mit der Bekehrung weniger beschäftigt, „als die anderen Religionsparteien unserer Zeit. Dieser „Umstand mag wohl die Ursache gewesen sein, daß die „magyarische Nation, die im zehnten Jahrhunderte zur Be„kehrung reif war, nicht ein Bestandtheil der orientalischen „Kirche geworden ist. Es ist wahr, daß im südlichen Un„garn Versuche dazu gemacht wurden; allein der Bekehrungs„plan der katholischen Kirche war besser angestellt, und der „Eifer, der die katholischen Mönche charakterisirt, vernichtete „die langsamen Unternehmungen der griechischen Mönche „schon im Keime."

107. Schon König Ludwig I. erhielt, weil er die Interessen der abendländischen Kirche förderte, im Jahre

---

*) Quia vero nec novum est, nec absurdum, ut in Regno tuo diversarum nationum, Conventus uni Domino in regulari habitu famulentur, licet unum sit ibi latinorum Caenobium, quum tamen ibidem sint multa Graecorum. Supplem. Analect. Scepus. Csaplovics II. 16.

**) Csaplovics II. 16.

1355 vom Papste Innocenz III. den Titel eines General-Kapitäns der ganzen Christenheit und die Erlaubniß, gegen die Serben einen Kreuzzug zu unternehmen. Ludwig machte von diesem Rechte keinen weiteren Gebrauch, als daß er nach zehn Jahren, nemlich 1366 dem Grafen von Krasso den Befehl ertheilte, alle slavischen Geistliche griechischer Religion sammt ihren Frauen und Kindern ins Gefängniß zu werfen, — an ihre Stelle schickte er andere Geistliche aus Dalmatien, welchen der Auftrag gegeben ward, die Bekenner der orthodoxen Religion zum Katholicismus zu bringen. Als Georg Brankovics, der Herrscher von Serbien und Rascien in Folge einer Convention die Festung Belgrad in Serbien mit anderen Besitzungen noch im Jahre 1427 an den König Sigismund abtrat, erhielt er zur Entschädigung die Besitzungen von Szolnok, Totfag, Slankamen, Kulpin, Becse, Bilagosvar, Tokay, Munkacs, Tallya, Regez, Szerbahely, Szatmar, Böfförmeny, Csötörtökhely, Debreczin, Thur und Tißa-Varsany, wo er sich mit einer großen Anzahl Serben niederließ, und somit in diesen Gegenden Ungarns Christen griechisch-orientalischer Religion ansiedelte. Unter König Mathias Corvinus fiel der Kommandant von Temesvar Kinis (Kinczu Pavo) im Jahre 1481 in Serbien ein und brachte bei 50,000 Serben mit sich, durch welche die Zahl der orthodoxen Christen sehr vermehrt wurde; denn jene neuen Kolonisten fanden die orthodoxen Romanen auf ihrem väterlichen Boden, den sie seit hunderten von Jahren inne hatten.

Dritter Abschnitt.

Religionsereignisse in Slavonien.

108. Viele Jahre vor der Schlacht bei Mohacs, etwa um die Mitte des fünfzehnten Jahrhunderts, sind aus Bosnien und Macedonien mehrere Familien nach Slavonien eingewandert, wo sie das Kloster Marcsa gründeten, welches sammt den Dörfern dieser Kolonisten nach der Schlacht von den Türken verheert wurde. Diese verheerten Ortschaften wurden aber nicht lange darauf durch die aus Bosnien und Serbien eingewanderten Christen bevölkert, welche dem Könige Ferdinand I. gegen Zapolya treu waren, weßwegen sie auch im Jahre 1564 mit Privilegien beschenkt wurden. Auch unter dem Könige Maximilian II. ist eine große Anzahl Christen aus den benachbarten türkischen Gegenden nach Slavonien eingewandert, — ebenso übersiedelten auch zur Zeit des Königs Rudolf II. sehr Viele, mit ihnen der Metropolit von Bosnien Gabriel mit siebenzig Mönchen, welche von der Regierung sehr gut aufgenommen wurden und die Versicherung ihrer kirchlichen Freiheit und anderer Vortheile, sowie auch eine jährliche Unterstützung von 300 fl. erhielten. Der erwähnte Metropolit hat sowohl die Kirche, als auch das Kloster von Marcsa wieder hergestellt. Das Verhalten dieses aus Bosnien geflüchteten und in Slavonien eingewanderten Volkes hat in politischer und kirchlicher Beziehung der Erwartung der kaiserlichen Regierung sehr entsprochen; aus welchem Grunde denn König Ferdinand II. im Jahre 1627 ihnen neue Privilegien ertheilt hat. Im Jahre 1630

gab ihnen Ferdinand II. die Landesverfassung, welche im Jahre 1659 durch Kaiser Leopold I. und im Jahre 1717 durch Karl VI. bestätiget wurde. Gegen diese Verfassung erhoben die Landesvertreter Protest, dessen Folgen auch das Corpus Juris bezeugt, in welchem es heißt: „Valachorum privilegia cassentur." Die katholischen Kroaten nannten nämlich diese serbischen Kolonisten „Walachen," um sie dadurch zu verspotten und anzudeuten, daß sie mit den katholischen Kroaten nicht zu einer und derselben Nation gehörten. Diese Privilegien und Statuta Valachorum wurden auch im Jahre 1737 bestätiget und ihnen noch drei neue Artikel zugefügt. Sie sind bis zum Aufstande der Kroaten vom Jahre 1755 im Thurme der orthodoxen Kirche von Severin aufbewahrt worden.

109. Die Nachfolger des erwähnten Metropoliten hatten den Titel: Bischöfe von Slavonien. Der achte derselben, Paul Zorics, war ein Religionsverräther. Er war ein stolzer, selbstsüchtiger Mönch, der sich vornahm um jeden Preis Bischof zu werden; deswegen begab er sich zum katholischen Bischof von Agram und versprach demselben, zur Union überzutreten und deren Interessen zu fördern, wenn er von ihm in der Erlangung der Bischofswürde unterstützt werde. Der katholische Bischof nahm ihn in Schutz und machte ihn zum Bischof von Svidnitza und zum bischöflichen Vikar von Agram. Paul Zorics empfing darauf im Jahre 1678 in Folge eines Uebereinkommens mit dem katholischen Bischof von Neustadt, dem Grafen Kolonics, das Gut von Priobics, unter der Bedingung, die Sache der Union eifrig zu fördern und alle Jahre sechs Kleriker in das Seminar nach Agram zu schicken, welche nachher als unirte Geistliche

angestellt werden sollten. Dies Uebereinkommen wurde von Kaiser Leopold I. im Jahre 1682 bestätiget und für eine Donation erklärt. Der Mönch Paul Zorics stellte sich den orthodoxen Christen, in der Voraussetzung, daß sie von seinem Treiben nichts wüßten, mit der Behauptung vor, daß er in Moskau zum Bischof geweiht worden sei, und hielt seine Installation. Das Volk aber, welchem alles bekannt war, was Zorics unternommen hatte, setzte sich ihm auf der Visitationsreise, die er zum ersten Male in der Eparchie machen wollte, bewaffnet entgegen, somit war er genöthigt nach Agram zurück zu kehren, wo er auch starb. Das Volk wählte sich zum Bischof Jesaias Popovics, einen weisen und anspruchslosen Mann aus dem Mönchsorden, der aber vor dem Volke die Erklärung geben mußte, daß er nicht unirt sei. Zum größeren Beweise dafür ward er auch vom Patriarchen Csernovics, der gerade zu der Zeit aus der Türkei herübergesiedelt und Erzbischof von Karlowitz geworden war, geprüft und, nachdem er rechtgläubig befunden war, bestätigt.

110. Auf Jesaias Popovics folgte Gabriel Turcsinovics, ein mit vielen Tugenden begabter Oberhirt, — ihm folgte Georg Popovics nach, welcher seinem Glauben untreu geworden, die Union eingegangen und Behufs der Bischofsweihe nach Rom gegangen ist. Von Rom zurückgekehrt starb er bald, nachdem er im Jahre 1718 das Volk durch seinen Proselytismus erfolglos beunruhigt hatte. Dieses blieb seinem väterlichen Glauben treu. Auf den bischöflichen Stuhl von Marcsa gelangte im Jahre 1727 Raphael Markovics, der allsogleich sich selbst, die Geistlichkeit und die ganze serbische Nation für unirt erklärte und die sich ihm widersetzen den Priester mit Gewalt zum Uebertritte zur Union zwang.

Die Entrüstung der Geistlichkeit und der serbischen Nation ward dadurch auf das Aeußerste gebracht, und die Regierung sah sich, um sie zu beschwichtigen, veranlaßt, eine Konskribirung der Unirten anzuordnen; es fand sich aber Niemand, der sich hätte als unirt einschreiben lassen. Der konvertirte Raphael Markovics begnügte sich damit nicht, sondern erhob Anklagen gegen mehrere Priester, von welchen Manche auch eingekerkert, Manche sogar mißhandelt wurden. Man sagt, daß der Probst des jetzt noch existirenden Klosters Lepavina, Konbratu, gerade als er in die Kirche gehen wollte, an der Schwelle derselben von zwei Soldaten erschossen worden sei.

111. Diese Verfolgungen gaben zu mancherlei Beschwerden Anlaß, in Folge deren die kaiserliche Regierung die Anstalt traf, daß nicht nur der Bischof Raphael Markovics, sondern auch zwei Nachfolger von ihm, Georg Bucsenovics und Sylvester Paskovics das Waraschdiner Generalat verlassen mußten und zum Troste des Volkes im Jahre 1735 zum Bischofe Simeon Philippovics eingesetzt wurde. Das Kloster Marcsa erhielten die Unirten, und die Mönche wurden in das Kloster Lepavina versetzt *).

Vierter Abschnitt.
Ueber die Karlowitzer Metropolie und die zu derselben gehörenden Bisthümer.

112. In dem Kriege, welchen Kaiser Leopold I. im Jahre 1689 mit den Türken, den Feinden der Christenheit führte, hatten sich die Serben und Albanesen auf

---

*) Vgl. Csaplovics, Slavonien und zum Theil Kroatien, II. Theil, pag. 14—25.

die Seite des Kaisers gestellt; da aber die Kriegsunternehmungen für die kaiserliche Armee ungünstig ausfielen und das österreichische Heer sich aus Serbien zurückzog: so sah sich auch der Patriarch von Ipek,*) Arsenius Csernovics genöthigt, sich auf das österreichische Gebiet zu begeben, was er um so eher that, da er dazu von der kaiserlichen Regierung aufgefordert ward, in Folge dessen er den Bischof von Innopel (Boros-Fenö im Arader Komitat) Jesaias Diakovics nach Wien sandte, der das Diplom vom 21. August 1690 vom Kaiser erwirkte, in welchem der serbischen Nation Schutz, Religionsfreiheit, die Beibehaltung des alten Kalenders, das Recht ihren Woiwoden zu wählen und nach dem Kriege eine befriedigende Organisation zugesichert wird. Mit diesem Diplome übersiedelte der erwähnte Patriarch mit 36,000 Familien nach Oesterreich. Im Jahre 1691 erhielten diese Kolonisten unterm 12. August ein Privilegium, in welchem in Bezug auf die Religionsangelegenheit gesagt wird: „Es soll euch gestattet sein, in euerer Mitte einen Erzbischof aus der rascischen Nation zu haben, den die geistlichen und weltlichen Stände in Gemeinschaft wählen werden, und dieser Erzbischof soll das Recht haben, über alle Kirchen des griech.-orientalischen Ritus zu verfügen, Bischöfe zu weihen, Priester an den Klöstern anzustellen, Kirchen zu bauen, wo solche fehlen, serbische Pfarrer in den Städten und Dörfern anzustellen, mit einem Worte, wie bisher soll er euer Vorsteher sein und das Recht haben über alle Kirchen des griech. orientalischen Ritus und über alle Christen derselben Religion,

---

*) Ipek ist im Epirus am Flusse Bistritza zwischen Skobra und Antivari gelegen.

so lange sie Uns treu bleiben werden, gemäß den Privilegien, welche euch unsere Vorfahren, die Könige von Ungarn ertheilt haben, in Griechenland, Rascien, Bulgarien, Dalmatien, Bosnien, Innopolien, der Herzegovina, Ungarn, Kroatien, Mösien, Illyrien u. a. verfügen.

113. Das zweite Diplom wurde der serbischen Nation von demselben Kaiser Leopold I. 1695 unterm 4. März ertheilt, worin folgende, die Kirche betreffende Bestimmung enthalten ist: „Der Erzbischof wird in den Rechten, die er zeither hatte, bestätigt, ferner werden die Bisthümer von Temesvar, Karlstadt, Szegedin, Ofen, Mohacs, Verschetz und Großwardein oder Agria, wo sich die aus Serbien eingewanderten Serben in größerer Anzahl niedergelassen haben, anerkannt, und den Bischöfen das Recht belassen, im Sinne des 3. Artikels des V. Dekretes vom Könige Mathias und des letzten Artikels des vom Könige Bladislaus erlassenen II. Dekretes von den Christen den Zehnten zu nehmen." Die erwähnten Privilegien sind auch von den nachfolgenden Kaisern bestätigt werden, und zwar von Josef I. unterm 27. September 1706, von Karl VI. unterm 8. Oktober 1713 und von Maria Theresia unterm 18. Mai 1743.

114. Aus dem bisher Gesagten geht hervor, daß die Karlowitzer Metropolie ihren Ursprung aus dem Jahre 1691 herleitet, in welchem der Patriarch von Ipek, Arsenius Csernovics mit 36,000 serbischen Familien nach Oesterreich kam, welche sich in verschiedenen Gegenden Sirmiens, Ungarns und des Banates niederließen, und deren Zahl durch die unter ihrem Herrscher Georg Braukovics und die mit dem Metropoliten Meletius aus Bosnien und Albanien

nach Slavonien eingewanderten Serben beträchtlich vermehrt wurde. Da diese letzteren unter Brankovics und dem Metropoliten Meletius nach Oesterreich gekommenen serbischen Kolonisten mit den früher unter dem erwähnten Patriarchen Csernovicz Eingewanderten einer und derselben Nation und Religion angehörten: so waren sie auch geneigt, mit ihren Brüdern eine gemeinschaftliche Hierarchie zu haben, zumal diese in Folge ihrer Privilegien Religionsfreiheit genossen; da ferner die romanische Nation, welche im Banat und in Ungarn sowohl in kirchlicher, als auch in politischer Hinsicht unterdrückt und verfolgt war, die kirchlichen Vorrechte, deren sich die serbische Nation erfreute, auch für sich in Anspruch nehmen wollte, und deßwegen ihre Zuflucht zu den serbischen Bischöfen nahm und bei denselben geistlichen Trost suchte: so vermehrte sich schon im Beginne der Organisation der Karlowitzer Metropolie die Zahl der ihr untergebenen Christen beträchtlich, und der Metropolit nannte sich Metropolit der serbischen und der romanischen Nation. Auf diese Weise bildeten sich, mit Einwilligung der kaiserlichen Regierung, die Eparchien von Arad, Temesvar Verschetz oder Karansebes, Ofen, Neusatz, Pakratz und Karlstadt, welche unter ihre kirchliche Jurisdiktion nicht nur die zuletzt Eingewanderten, sondern auch die aus Bosnien und Albanien mit dem Metropoliten Meletius gekommenen serbischen Kolonisten und die romanische Nation aus dem Banat und aus Ungarn, die damals in ihrer Gesammtheit sich zu dem griechisch orientalisch-orthodoxen Glauben bekannte, aufnahmen.

115. Im Verlaufe der Zeit sind in kirchlicher Beziehung mehrere Regulamente erfolgt. So wurden im Jahre 1771 die Privilegien der serbischen Nation bestätigt und

mehrere die kirchlichen Angelegenheiten betreffende Bestimmungen getroffen, in welchen auch festgesetzt wird, daß der Metropolit nur kirchliches, nicht aber auch politisches Oberhaupt der serbischen Nation sei. Im Jahre 1777 erschien ein Regulament, welches die Beschlüsse enthält, die auf die Anträge des Nationalkongresses von 1769 und der Synode von 1774 und 1776 erfolgten. Da aber mehrere Punkte des Regulaments vom Jahre 1777 für den Clerus und das Volk unbefriedigend waren, welche mit Schmerzen sahen, wie in der zur Leitung der Kirchen- und Schul-Angelegenheiten der Serben berufenen Hofdeputation Niemand aus dem Schooße ihrer Kirche und Nation war; so wurde diese Deputation aufgehoben, die betreffende Angelegenheit der ungarischen Hofkanzlei übertragen und im Jahre 1779 ein Rejkript erlassen, das auch heute noch volle Geltung hat; für die Regelung der Angelegenheiten der Eparchie aber ward im Jahre 1782 die Konsistorialverfassung eingeführt. Hier ist zu bemerken, daß sowohl das obenerwähnte Rejkript, als auch die Konsistorialverfassung im gemeinsamen Einverständniß der kirchlichen Hierarchie und der politischen Regierung ausgearbeitet wurden.

116. Die Verwaltung der ungarischen Hofkanzlei befriedigte die Kirche nicht, daher denn im Jahre 1791 die illyrische Hofkanzlei errichtet wurde. Diese wurde aber schon im Jahre 1792 aufgehoben und ihre Wirksamkeit wieder der ungarischen Hofkanzlei mit der Modifikation übertragen, daß, kraft des 10. Artikels des Landtages vom Jahre 1792, welcher *) bestimmt, daß sowohl bei der ungarischen Hof-

---

*) Ut ex individuis ejusdem ritus nonnulla requisitis qualitatibus instructa, ad Cancellariam regiam hunga-

Kanzlei, als auch bei der ungarischen Statthalterei etliche befähigte Individuen griechisch-orientalischer Religion angestellt werden sollen, der Bischof von Ofen Petrus Petrovics in der Eigenschaft eines Hofrathes bei der ungarischen Hofkanzlei zum Referenten in kirchlichen Angelegenheiten ernannt wurde. Auf diesen folgte im Jahre 1803 der Bischof von Temesvar, Stephan von Avvakovics.

117. Zur Erläuterung halten wir es für nöthig, den Inhalt des Restriptes von 1779 hier folgen zu lassen:

§. 1. garantirt die von den Kaisern Leopold I., Josef I., Karl VI. und Maria Theresia der serbischen Nation ertheilten Privilegien.

§. 2. Der Metropolit ist das Oberhaupt der serbischen Nation nur in dem, was die geistlichen Angelegenheiten betrifft.

§. 3—5. Der Metropolit bezieht, außer jenen Einkünften, die auch die Bischöfe genießen, noch 6000 fl. aus der Kamerallasse von Esseg und 3000 fl. aus der Kamerallasse von Temesvar; ferner besitzt er das Gut Dalea, so lange bis ihm ein anderes außerhalb Kroatiens angewiesen wird; — zur Entschädigung für das Gut Nerabin und das Prädium Bankovze, welche dem auf Verlangen der Nation damals restaurirten Kloster Gergeteg angehören, erhält er aus dem Aerar jährlich 5000 fl., es steht ihm ferner zu, als Taxe für das bischöfliche Bestellungsdiplom von den Bischöfen von Verschetz und Temesvar 200, von dem von

---

rico-aulicam, prout et ad Consilium regium locumtenentiale applicentur individua.

Pakraz 125, von denen von Neusatz und Arad 150 und von denen von Karlstadt und Ofen je 100 Dukaten zu erhalten.

§. 6. Das Vermögen der verstorbenen Metropoliten und Bischöfe erbt nicht der Fiskus; §. 7. sondern es ist von jenem der Metropolie abzusondern, §. 8, 9, 10, 11. zu welchem Behufe drei Nationalassistenten ernannt werden, ein Geistlicher, ein Offizier und ein Bürgerlicher.

§. 12. Das Vermögen des verstorbenen Metropoliten wird vom General-Kommando in Slavonien verwaltet.

§. 13. Das Begräbniß des verstorbenen Metropoliten soll dessen Würde angemessen, doch einfach sein.

§. 14. 15. Regeln, welche während der Vacanz des erzbischöflichen Stuhles zu beobachten sind.

§. 16. Zur Deckung der Kosten des Kongresses für die Erzbischofswahl dürfen außer den, für die bei dieser Gelegenheit ausrückende Miliz bestimmten 500 fl. noch 1500 fl. verwendet werden. Der Ueberschuß der Einkünfte der Metropolie fließt in den illyrischen Nationalfond.

§. 17. Wenn das Vermögen des verstorbenen Metropoliten zur Deckung von dessen Schulden nicht ausreicht, darf das Kirchen- und Nationalvermögen nicht in Anspruch genommen werden.

§ 18. 19. Der Metropolit und die Bischöfe können über die Hälfte ihres Vermögens testamentarisch verfügen, die andere Hälfte aber wird dem Nationalfonde einverleibt.

§. 20. Die Ernennung der erzbischöflichen und bischöflichen Verweser erfolgt durch Se. Majestät.

§. 21. Zu kirchlichen Würden können nicht blos diejenigen, die sich am erzbischöflichen oder bischöflichen Hofe befinden, sondern auch andere befähigte Geistliche gelangen.

§. 22. Die Wahl und die Weihen der Bischöfe, sowie auch jene der Archimandriten, Pröbste und der Verweser sollen unentgeltlich vollzogen werden. Der Pfarrer hat für das bischöfliche Anstellungsdekret für eine Familie 30 kr. zu entrichten; wenn aber die Zahl der Familien 100 übersteigt, soll die Taxe nicht mehr als 50 fl. betragen. In Gemeinden, wo mehrere Geistliche fungiren, sind die Familien unter dieselben aufzutheilen, worauf dann Jeder der Pfarrer für das bischöfliche Empfehlungsschreiben eine seiner Familienzahl entsprechende Taxe zu entrichten hat. Die Geistlichen aus dem zu der Araber Diöcese gehörigen Biharer Komitat haben für das bischöfliche Empfehlungsschreiben einen Dukaten zu entrichten. Ferner beträgt die Taxe für die Einweihung der Kirche 9 und die für einen Antimis 3 Dukaten. Jeder Pfarrer hat für jede seiner Familien dem Bischofe jährlich 3 kr. zu entrichten.

§. 23. Anderweite Leistungen, die früher bestanden, werden eingestellt.

§. 24. Für die kanonischen Visitationen gebührt dem Erzbischofe oder den Bischöfen keine Vergütung.

§. 25. Die Kirchengemeinden sind mit der Beförderung der Korrespondenzen nicht zu belasten.

§. 26. In dem Grenzgebiete haben die Militärposten die Korrespondenzen zu befördern.

§. 27. Die Einnahmen, welche die bischöflichen Bikare hatten, werden eingestellt.

§. 28. 29. 30. Die Verwaltung des Vermögens des verstorbenen Bischofs und das Begräbniß desselben erfolgen so wie jene der Erzbischöfe.

§. 31—38. Die Distrikte der Erzpriester werden festgestellt. Pfarrer kann nur ein kaiserlicher Unterthan werden. Niemand darf die Weihe in Ipek oder anderswo empfangen. Zu Geistlichen sollen nur diejenigen geweiht werden, welche in Folge einer Prüfung für würdig erkannt wurden. Die Errichtung der Klerikalschulen wird aufgeschoben. Der Clerus kann das Vermögen des Laien, der, ohne ein Testament gemacht zu haben, gestorben ist, nicht erben. Es wird die Zahl der Geistlichen festgesetzt und zugleich für die Priesterweihe das Alter von 25 Jahren vorgeschrieben.

§. 39. Wird die Stolartaxe festgesetzt.

§. 40. Freihaltung der Erzpriester von den Steuern und den Gemeindelasten.

§. 41. Die Trauung ist, nach erfolgtem dreimaligen Aufgebote in der Pfarre, zu welcher die Braut gehört, zu vollziehen.

§. 42. 43. Werden die Taxen der Begräbnisse festgesetzt, und den Priestern wird verboten, das Testament irgend eines Laien zu schreiben.

§. 44. Beichte hören dürfen nicht blos die Mönche, sondern auch die Weltgeistlichen.

§. 45. Die verwittweten Geistlichen sind nicht verpflichtet, in den Mönchsstand zu treten.

§. 46—50. Ueber die Reduzirung, die Regelung und das Vermögen der Klöster.

§. 51. Die Geistlichen dürfen nicht mit körperlichen Strafen belegt werden.

§. 52. Die Exkommunikation darf nur mit Einwilligung des Königs vollzogen werden.

§. 53. Die Geistlichen sind nur in geistlichen Angelegenheiten den Bischöfen untergeordnet.

§. 54. 55. Die Geistlichen dürfen über die Glieder ihrer Kirchengemeinden weder körperliche, noch Geldstrafen verhängen.

§. 56. Die Geistlichen sind verpflichtet, die zum Tode Verurtheilten dazu vorzubereiten.

§. 57. Die deutschen Normalschulen haben fortzubestehen.

§. 58. In Wien wird eine illyrische Druckerei errichtet. Aus dem Auslande dürfen nur Bücher, die die Censur bestanden haben, eingeführt werden.

§. 59. Die kaiserlichen Verordnungen zu drucken und zu veröffentlichen, ist ohne höhere Einwilligung nicht gestattet.

§. 60. Ein Kongreß darf nur mit allerhöchster Bewilligung gehalten werden.

§. 61—63. Den Bischöfen ist nicht gestattet, in ihren Eparchien Geldkollekten zu veranstalten.

§. 64. Der alte Kalender hat volle Geltung, und nur in den Ortschaften, in welchen auch Katholiken wohnen, sind die katholischen Feiertage zu halten.

§. 65. Die Festtage werden festgesetzt.

§. 66. 67. Verordnungen, betreffend die Errichtung von Kirchen und Anlegung von Friedhöfen.

§. 68. Die bei gemischten Ehen vorkommenden Mißbräuche werden abgestellt.

§. 69. Die Bekanntmachung der Regierungsverordnungen durch die Geistlichen. Schließlich wird das Ceremonial beigesetzt, welches auf dem für die Erzbischofswahl abzuhaltenden Kongresse, sowie auf der Synode für die Bischofswahl und endlich bei der Installation der Erzbischöfe oder Bischöfe beobachtet wird.

118. Die Angelegenheiten der kirchlichen Jurisdiktion sind durch die Konsistorialverfassung festgesetzt worden, welche auch von Seite der Regierung im Jahre 1782 bestätigt wurde. Das Konsistorialsystem zerfällt in vier Abschnitte. Der erste Abschnitt bestimmt den Wirkungskreis des Konsistoriums. Das Eparchial-Konsistorium bildet die erste und das erzbischöfliche Appellations-Konsistorium die zweite Instanz, von dieser kann an den kaiserlichen Thron appellirt werden. Die kirchliche Jurisdiktion erstreckt sich bloß auf kirchliche Angelegenheiten, und zwar auf die Gültigkeit der Verlobung und der Ehe; auf die gänzliche oder partielle, d. h. die Scheidung der Eheleute von Tisch und Bett; auf die Weihe und Degradation der Geistlichen; auf die Beurtheilung der, bei der Verrichtung der heil. Sakramente begangenen Fehler, kurz auf Alles, was die Gültigkeit der Sakramente anbelangt. Das Konsistorium handhabt die Kirchendisciplin, bestraft die sündigen Priester, bestätigt die Pröbste, befördert Priester zu Erzpriestern, fällt Urtheile über die Archimandriten, Pröbste und deren Verweser; es führt die Aufsicht über die Ordnung des Gottesdienstes, das Vermögen der Kirchen, die Begräbnißplätze und Grüfte, die Führung der Kirchenmatrikel; es revidirt alle Jahre die Rechnnngen der Klöster und unterbreitet sie sodann dem erzbischöflichen Appellations-Konsistorium zur obersten Revision.

Der zweite Abschnitt enthält das gerichtliche Verfahren. Alle Entscheidungen in Ehescheidungs- und anderweiten Eheangelegenheiten, sowie die Entfernung eines Pfarrers, Probstes oder Archimandriten von seiner Stelle müssen auf Grund eines förmlichen Prozesses erfolgen. In Prozessen, welche die gänzliche Ehescheidung oder die Amtsentsetzung irgend einer priesterlichen Person betreffen, ist der Rekurs gestattet. Der dritte Abschnitt handelt von dem Personal des Konsistoriums. Der Bischof, oder an dessen Stelle der bischöfliche Vikar ist der Vorsitzer; Mitglieder sind: zwei Klostervorsteher, zwei Erzpriester, zwei Priester, ein Schriftführer und ein Fiskal. Die Mitglieder des Konsistoriums werden Beisitzer genannt, sie werden in Folge einer vom Bischofe veranstalteten Kandidation durch das Konsistorium gewählt; den Schriftführer, den Fiskal und den Dolmetscher ernennt der Bischof. Der Konsistorial-Fiskal ist verpflichtet, die heil. Sakramente zu vertheidigen. Das gesammte Personal des Konsistoriums leistet dem Bischofe den Eid, in den zu verhandelnden Gegenständen unparteiisch zu stimmen. Der vierte Abschnitt handelt über den Wirkungskreis des erzbischöflichen Appellations-Konsistoriums. Dieses kann bloß diejenigen Gegenstände in Verhandlung nehmen, welche von dem Eparchial Konsistorium erledigt worden sind. Kein Prozeß darf über vier Monate unerledigt bleiben. Der Erzbischof darf bei der Revision eines von seinem Eparchial-Konsistorium dem Appellations-Konsistorium unterbreiteten Prozesses nicht zugegen sein, und an seiner Stelle präsidirt dann Einer von den Bischöfen. Gleichfalls darf auch der Bischof bei der Revision eines, von seinem Eparchial-Konsistorium vorgelegten Prozesses nicht zugegen sein. Vorsitzer im Appellations-Konsisto.

rium ist der Erzbischof, oder wenn der erzbischöfliche Stuhl erledigt ist, der erzbischöfliche Vikar. Die Mitglieder desselben sind: zwei Bischöfe, zwei Archimandriten, zwei Pröbste, zwei Erzpriester, zwei Priester und der Schriftführer. Alle diese werden vom Erzbischofe ernannt. Die Ergänzung der vorgeschriebenen Zahl derselben geschieht durch Kandidation. Bei der Verhandlung der Gegenstände müssen außer dem Vorsitzer und Schriftführer noch sechs Mitglieder gegenwärtig sein. Das Appellations-Konsistorium ist verpflichtet, über die revidirten und zu revidirenden Prozesse, sowie auch über die Rechnungen der Klöster Sr. Majestät Bericht zu erstatten. Der Erzbischof beauftragt mit der Untersuchung jedweder Klage, die gegen irgend einen Bischof eingereicht wird, eine aus diesem Appellations-Konsistorium gebildete außerordentliche Kommission, — diese Kommission besteht aus vier Appellationsmitgliedern und dem Schriftführer des erzbischöflichen Konsistoriums. Gegen die Entscheidung dieser Kommission darf an das erzbischöfliche Appellations-Konsistorium und von diesem an den König appellirt werden.

119. Ueber den Nationalkongreß. Von Alters her war es bei der serbischen Nation Sitte, über die Erzbischofswahl und die Kirchenangelegenheiten die Verhandlungen in einer Generalversammlung zu pflegen. Diese Sitte ist nach Oesterreich durch jenen Theil der serbischen Nation verpflanzt worden, welcher aus Furcht vor den türkischen Gräueln genöthigt war, den väterlichen Boden zu verlassen und sich in mehreren Gegenden Ungarns niederzulassen. Die Aufrechterhaltung dieser Sitte, in Kirchenangelegenheiten Generalversammlungen zu halten, ist der serbischen Nation durch die erwähnten Privilegien garantirt worden, — und so wurden

denn seit der Einwanderung der serbischen Nation (1690)
bis zum heutigen Tage sieben Nationalkongresse gehalten,
und zwar in den Jahren 1708, 1769, 1774, 1780, 1790,
1836 und 1842, — der achte hätte im Jahre 1847 gehalten werden sollen, und es war zu diesem Zwecke der
Freiherr Kulmen als kaiserlicher Kommissär ernannt worden;
die Abhaltung desselben ward aber durch die Ereignisse von
1848 und 1849 vereitelt. Unter den sieben Kongressen
waren es nur die zwei aus den Jahren 1769 und 1790,
auf denen außer der Bischofswahl auch Kirchen- und
Schulangelegenheiten verhandelt wurden, — auch auf dem
vereitelten Kongresse von 1847 beabsichtigte man über
allgemeine Kirchenangelegenheiten Verhandlungen zu pflegen.
Anfangs war die Zahl der Abgeordneten zu dem National-
Kongresse unbestimmt, — auf dem Kongresse von 1708
waren 70 Personen, — im Jahre 1769 aber ward die
Zahl der Abgeordneten auf 75 festgesetzt, und zwar in der
Art, daß unter denselben 25 Geistliche (ohne Unterschied der
Kloster- und Weltgeistlichkeit), 25 aus der Provinzialbevöl-
kerung und 25 aus der Bevölkerung der Militärgrenze sein
sollen. Da im Verlaufe der Zeit Viele Adelsrechte erlang-
ten, so sind auf dem Kongresse von 1790 noch 25 aus
dem Adel hinzugekommen. Auf den Kongressen von 1837
und 1842 ward der Adel nicht als ein besonderer Stand
betrachtet, somit erschienen denn auf diesen beiden Kongressen
nach der früheren Praxis bloß 75 Abgeordnete. Den Abgeordneten werden die Reisekosten aus dem von den Commit-
tenten gesammelten Gelde vergütet. An dem Kongresse für
die Erzbischofswahl nehmen auch die Bischöfe von Siebenbürgen, Dalmatien und der Bukowina, aber bloß als Wäh-

ler, nicht als Kandidaten Theil; denn Kandidaten können nur diejenigen Bischöfe sein, deren Bisthümer in den obenangeführten Privilegien erwähnt werden; die Bisthümer der erwähnten drei Eparchien aber sind später, nach der Constituirung der Karlowitzer Metropolie, derselben in Folge gouvernementaler Maßnahmen, und zwar nur in dogmatischen und rein geistlichen Angelegenheiten untergeordnet worden, wie wir dies in den §§. 59 und 96, die über die Eparchien Siebenbürgens und der Bukowina handeln, sahen. Bezüglich des Bischofs von Dalmatien kann mit Gewißheit nichts behauptet werden, da das dortige Bisthum, seitdem Dalmatien unter Oesterreich gekommen ist, während der Erzbischofswahlen, und namentlich jener von 1837 und 1842, erledigt war.

120. Für die Erlaubniß zur Abhaltung des Kongresses in national-kirchlichen Angelegenheiten rekurriren der Erzbischof, oder wenn der erzbischöfliche Stuhl erledigt ist, die Vorgesetzten der Christen an Se. Majestät Der Kongreß wird in Gegenwart eines kaiserlichen Kommissärs gehalten, dessen Ankunft und Anwesenheit auf dem Kongresse mit besonderen Feierlichkeiten verbunden sind. Nachdem der Akt der Erzbischofswahl vollzogen ist, wird die Bitte um die kaiserliche Bestätigung des neu gewählten Metropoliten durch den Kommissär Sr. Majestät unterbreitet, und nach erfolgter allerhöchsten Bestätigung der neue Metropolit installirt.

121. Ueber die Synoden. Der Karlowitzer Erzbischof hielt anfangs nach der kanonischen Praxis der griechisch orthodoxen Kirche mit den Bischöfen Synoden, auf welchen Gegenstände, die die Religion, den christlichen Lebenswandel, die Eparchie, die Kirchengemeinden und die Schulen

betreffen, und in deren Beziehung von einem oder dem anderen Priester oder Laien an die Synode rekurrirt wurde, verhandelt wurden. Solche Synoden pflegte man alle Jahre am Festtage der h. h. Apostel Petrus und Paulus zu halten; im Jahre 1769 wurde aber von der kaiserlichen Regierung verordnet, daß künftighin die Synode nur nach erlangter höherer Genehmigung und in Gegenwart eines kaiserlichen Kommissärs abgehalten werden dürfe. Die von dem Metropoliten Paul Nenadovics wegen Aufhebung dieser Maßregel gemachten Vorstellungen blieben ohne Erfolg. So wurde denn im Jahre 1769 die erste Synode Behufs einer Bischofswahl in der Gegenwart eines kaiserlichen Kommissärs gehalten. Bis zu dieser Zeit geschah die Bischofswahl sehr abnorm, — der Erzbischof nämlich verlangte von jedem Bischofe eine schriftliche Erklärung über diejenigen, die sie der Bischofswürde würdig hielten, und machte darauf Behufs der Ernennung seine Vorstellung an Se. Majestät. Gegenwärtig wird zur Abhaltung der Synode für jedweden kirchlichen Zweck die kaiserliche Genehmigung eingeholt. Die Mitglieder der Synode sind die Bischöfe der in den Privilegien der serbischen Nation erwähnten Eparchien, der Erzbischof ist der Vorsitzer. An den Synoden, welche in dogmatischen Angelegenheiten der Kirche gehalten werden, nehmen auch die Bischöfe von Siebenbürgen, der Bukowina und Dalmatiens Theil. Der kaiserliche Kommissär ist nur bei der Eröffnung und Schließung der Synode, nicht aber auch während der Verhandlungen zugegen. Auch für die Abhaltung der Synoden sind manche Ceremonien vorgeschrieben.

122. Das für den Kongreß Behufs der Erzbischofswahl vorgeschriebene Ceremonial ist folgendes:

1. Dem kaiserlichen Kommissär haben zwei Bischöfe und sechs Abgeordnete 400 Schritte von Karlowitz entgegenzugehen, wo denselben einer der Bischöfe im Namen des Clerus und der Nation bewillkommnet. Nachdem der Kommissär darauf geantwortet hat, folgt er den Bischöfen und den Abgeordneten bis zum Karlowitzer Vorgebirge nach. Dort empfangen ihn auf obenerwähnte Weise zwei andere Bischöfe und sechs Abgeordnete, mit welchen er sich dann unter Glockengeläute, Geschützsalven und mit militärischer Parade nach der für ihn bestimmten Wohnung begibt, wo er von dem gesammten Clerus und allen anderen Abgeordneten, die zugegen und in zwei Reihen aufgestellt sind, mit der gebührenden Achtung empfangen wird. Nach erfolgter gegenseitiger Begrüßung begibt sich jeder nach Hause.

2. Am folgenden Tage empfängt der Kommissär die amtlichen Besuche und erwidert auch selbst die Besuche der Bischöfe, die sich ihm vorgestellt haben. An demselben Tag gegen Abend begeben sich Einige von den Bischöfen und Abgeordneten zum Kommissär mit der Bitte, den Kongreß zu verkündigen und den Tag für die Abhaltung desselben zu bestimmen, damit ihm über die Zahl und Eigenschaften der Abgeordneten und deren Vollmachten referirt werden könne, und er, nachdem er Kenntniß davon genommen, die Erlaubniß zur Abhaltung der Vigilien oder der Gebete, welche die ganze Nacht dauern, ertheile.

3. Zur bestimmten Stunde des für die Wahl festgesetzten Tages begibt sich der Kommissär, begleitet von dem

Clerus und dem zu diesem Ende aufgestellten Militär, in den für den Kongreß bestimmten Saal.

4. Nachdem der Kommissär, die Bischöfe, der Dolmetscher und der beeidete National-Sekretär in den Saal eingetreten sind, werden von einem Protokollisten aus dem National-Protokolle die Namen aller Abgeordneten, welche sich durch ihre Vollmachten legitimirt haben, laut vorgelesen, und die Zahl derselben und die Original-Vollmachten abgeschrieben. Darauf nimmt der Kommissär auf einem durch Stufen erhöhtem Sitze unter einem, im Saale errichteten Baldachin Platz, von wo er sodann das Dekret über die allerhöchste Genehmigung des gegenwärtigen Kongresses und seine Ernennung zum Kommissär vorlesen läßt.

5. Gebete zur Anrufung des heil. Geistes werden gehalten, und darauf folgt dann

6. die Begrüßung des k. k. Kommissärs von Seiten der Bischöfe, des Clerus und der Nation und die Erwiderung desselben an die Versammlung. Darauf nimmt der Kommissär bezüglich des Kongresses das Wort und bestimmt für die Wahl des neuen Erzbischofs so viele Tage, als nöthig sind, worauf er sich auf gleiche Weise empfiehlt, wie er in die Versammlung gebracht wurde, und nach seiner Wohnung begleitet wird.

7. Nachdem der Erzbischof gewählt worden, wird der Kommissär von Seiten des Kongresses durch eine aus Geistlichen und anderen Abgeordneten zusammengesetzte Deputation davon in Kenntniß gesetzt und mit der beschriebenen Feierlichkeit nach der Versammlung

begleitet, wo er die Frage stellt, ob die Versammlung mit der getroffenen Wahl zufrieden sei? Wenn dies bejaht wird, läßt er durch seinen Aktuar die Stimmen sammeln und durch die Abgeordneten das Wahlinstrument unterzeichnen, welches endlich auch er selbst unterschreibt und durch sein Siegel bestätigt. Am folgenden Tage wird die Bitte an Se. Majestät um Bestätigung der neuen Wahl verfaßt und dem Kommissär zur weiteren Amtshandlung überreicht. Nach erfolgter allerhöchsten Bestätigung bestimmt der Kommissär den Tag und die Stunde der Bekanntmachung derselben, zu welchem Behufe dann der Kommissär wieder mit der vorerwähnten Feierlichkeit sich in den Saal des Kongresses begibt, wo er die allerhöchste Bestätigung kund gibt, worauf er sich dann mit einer Gratulationsrede an den neugewählten Erzbischof, sowie auch an die ganze Versammlung wendet, — schließlich bestimmt er einen Tag für die Installation des Erzbischofs.

8. An dem für die Installation festgesetzten Tage begibt sich der Erzbischof mit den ihm assistirenden Bischöfen und dem Clerus in die Metropolitankirche, wohin auch der k. k. Kommissär mit der üblichen Feierlichkeit begleitet wird. Am Eingange der Kirche wird dieser von dem im erzbischöflichen Ornate bekleideten Erzbischofe, von zwei Bischöfen und von allen Abgeordneten der Nation empfangen, und von dort auf den für ihn bestimmten Platz begleitet. Da hört er den feierlichen Eid an, durch welchen der neugewählte Metropolit standhafte, unverbrüchliche Treue gegen Se.

k. k. Apostolische Majestät und das kaiserliche Haus gelobt. Darauf wird der neue Metropolit unter dem Rufe eines dreimaligen „Hoch" von den Bischöfen, dem Clerus und der Nation emporgehoben. Nachher dankt der Erzbischof dem k. k. Kommissär für dessen Bemühen, dieser aber fordert den Erzbischof, die Bischöfe, den Clerus und die Nation auf, Sr. Majestät treu zu bleiben und untereinander die Liebe und Eintracht zu bewahren. Darauf nimmt derselbe von der ganzen Versammlung Abschied, wohnt der Messe bei und begibt sich nach Beendigung derselben mit allen Abgeordneten, dem Clerus und dem Erzbischofe nach Hause und zur Tafel, womit dann die Ceremonie zu Ende ist.

123. Das Ceremonial, welches bei Gelegenheit der Ankunft des kaiserlichen Kommissärs zu der für die Bischofswahl oder für anderweite Kirchenangelegenheiten ausgeschriebenen Synode zu beobachten ist.

1. An dem für die Ankunft des Kommissärs bestimmten Tage gehen demselben zwei Bischöfe, drei Geistliche und drei Laien etwa 400 Schritte von Karlowitz entgegen. Die Ersteren werden aus dem erzbischöflichen Hofstaate, die Letzteren aus dem Magistrate gewählt. Einer der Bischöfe empfängt den Kommissär mit einer Bewillkommnungsrede, worauf der Kommissär den Bischöfen und den anderen Abgeordneten seinen Dank ausspricht und denselben bis zum Karlowitzer Vorgebirge nachfolgt, wo er von zwei anderen Bischöfen und vom sämmtlichen Personale des erzbischöflichen

Hofes empfangen und bewillkommnet wird. Von da wird er bis in die erzbischöfliche Residenz geleitet, wo die Synode abgehalten wird. Endlich wird er dort von dem zu Ehren dieser Feierlichkeit aufgestellten Militär unter Trommelwirbel und Trompetenschall empfangen. Die anderen Bischöfe warten auf den Treppen am Thore des erzbischöflichen Hofes. Auf der untersten Treppe befindet sich der Metropolit.

2. Der Kommissär begibt sich geleitet von dem gesammten Clerus unverzüglich in den für die Synodalsitzungen bestimmten Saal. Der Eintritt in diesen Saal ist allen Anwesenden gestattet, der Zudrang der Volksmasse gegen den Tisch der Synode aber und aller Lärm wird durch das zu diesem Ende aufgestellten Militär verhindert.

3. In diesem Saale wird ein langer mit Teppichen bedeckter Tisch aufgestellt. An der Spitze desselben befindet sich auf einem etwas höheren mit Teppichen bedeckten Platze der mit Sammet überzogene Sitz des kaiserlichen Kommissärs. Von demselben links ist der gleich prachtvolle, aber nur auf dem Fußboden stehende Sessel des Metropoliten, zu dessen beiden Seiten rechts und links sich noch sieben Sitze für die Bischöfe befinden, — an dem anderen Ende des Tisches rechts ist ein Sitz für den kaiserlichen Aktuar und links ein anderer für den National-Sekretär, — vom Aktuar weiter rechts endlich befindet sich noch ein anderer Tisch mit einem Sitze für den Dolmetscher. Jeder Platz ist mit Papier, Tinte und Federn versehen.

4. Nachdem die obenerwähnten Plätze von denjenigen, für die sie bestimmt waren, eingenommen worden, nähert sich der Magistrat dem Tische und stellt sich in einer gebührenden Entfernung von demselben in eine Reihe. Das übrige Volk, welches zugegen ist, befindet sich etwas weiter rückwärts in aller Stille und Bescheidenheit.

5. Darauf hält der Kommissär, mit bedecktem Haupte, eine Rede in deutscher Sprache.

6. Auf diese Rede dankt der Metropolit aufstehend in der deutschen oder slavischen Sprache; diese Rede muß aber zuvor entweder im Originale oder in deutscher Uebersetzung dem Kommissär eingereicht werden.

7. Demnach setzt sich zuerst der Kommissär, dann der Metropolit, ferner die Bischöfe und so nach der Reihe alle Mitglieder der Versammlung. Nach geziemender Verbeugung entfernt sich der Magistrat sammt dem anwesenden Volke. Wenn es erforderlich ist, wird dieses durch die aufgestellte Miliz mit Gewalt genöthigt, den Saal zu räumen. Darauf verläßt auch die zur Aufrechterhaltung der Ordnung aufgestellte Miliz den Saal, dessen Thüre geschlossen wird. Bloß an der Thüre des Hauses, beziglich der Residenz, bleiben sechs Soldaten als Ehrenwache.

8. Nachdem alle diese den Saal geräumt haben, zeigt der k. k. Kommissär dem Metropoliten die in Bezug auf die Synode erhaltene Instruktion, erbricht vor Diesem das k. k. Siegel und übergibt sie dem Aktuar, welcher dieselbe stehend klar und laut vorliest. Nachher übereicht sie der Aktuar dem Kommissär, welcher sie dem

Metropoliten übergibt. Der Aktuar, Sekretär und Dolmetscher, welche während der Vorlesung der Instruktion gestanden sind, setzen sich wieder.

9. Darauf hält der Kommissär sitzend die zweite Rede, in welcher er den Tag für die erste Sitzung festsetzt.
10. Auf diese Rede antwortet der Metropolit ebenfalls sitzend.
11. Schließlich gibt der Kommissär das übliche Zeichen zum Aufstehen, worauf zuerst das Personal der Synode nnd zuletzt der Kommissär sich von seinem Sitze erhebt, und indem die Bischöfe voran-, der Erzbischof aber zu dessen Linken geht, begibt man sich bedeckten Hauptes aus dem Saale. An den Treppen warten zwei Bischöfe und der Magistrat, von welchen Allen der Kommissär nach seiner Wohnung begleitet wird, aus welcher man sich darauf nach gegenseitiger Begrüßung nach Hause begibt.
12. Am folgenden Tage Vormittags, nach Beendigung des Gottesdienstes, empfängt der Kommissär officielle Besuche und erwidert sie auch selbst.
13. Am nächstfolgenden Tage um drei Viertel auf neun Uhr begeben sich zwei Bischöfe von Seiten der Synode zum k. k. Kommissär und begleiten denselben in die Synode, wo er von den anderen Bischöfen und dem Metropoliten am Eingange des Saales empfangen wird.
14. Der Synodaltisch muß so eingerichtet sein, wie unter 3. gesagt wurde. Während der in dem geschlossenen Saale vor sich gehenden Berathungen, halten sechs Soldaten Wache.

15. Nach Beendigung der Berathungen begleiten der Metropolit und die Bischöfe den Kommissär bis zu den Treppen und von dort zwei Bischöfe bis in dessen Wohnung.

124. Die Norm, welche bei der Weihe, Installation und Eidleistung jedes neugewählten Bischofs befolgt wird. Sobald ein Bischof von dem Metropoliten und den diesem untergeordneten Bischöfen gewählt worden, wird derselbe durch ein Empfehlungsschreiben seitens des Metropoliten Sr. k. k. Apostolischen Majestät vorgestellt und um die Bestätigung der Wahl, sowie auch um das Bestätigungsdiplom des neugewählten Bischofs nachgesucht. Darauf erfolgt die Bischofsweihe seitens des Metropoliten, und sowie alsogleich für die Installation des neugewählten Bischofs ein k. k. Kommissär ernannt und im geeigneten Wege um die diesbezüglichen Verfügungen gebeten und dies den Komitaten und königl. freien Städten durch ein Rundschreiben bekannt gemacht wird: ebenso verständigt sich darauf der ernannte k. k. Kommissär mit dem Erzbischofe, oder an dessen Stelle mit seinem Bevollmächtigten über die Festsetzung des Termines für den Installationsakt, der in dem für die bischöfliche Residenz bestimmten Orte vollzogen wird. Am Tage vor der Installation wird von dem Kommissäre und dem Erzbischofe oder von dessen Stellvertreter der Inhalt des Eides, den der neue Bischof zu leisten hat, untersucht und geprüft, ob derselbe der bestehenden Gepflogenheit gemäß ist. Am Tage der Installation wird zu der festgesetzten Stunde der k. k. Kommissär vom Clerus und dem Volke, welches zwei Reihen bildet, bis zu dem Kirchenportal begleitet, — dort empfängt ihn der zu

installirende Bischof in Gemeinschaft mit anderen in Meß-
gewändern gekleideten Priestern, welche alle denselben dann
auf den bestimmten Platz geleiten. Vor dem Beginne des
Gottesdienstes wird der neugewählte Bischof von dem erzbischöflichen Stellvertreter auf den für die Eidleistung bestimmten Platz geführt. Nachdem der von dem erzbischöflichen
Stellvertreter vorgelesene Eid geleistet worden, wird derselbe
dem k. k. Kommissäre eingehändigt. Schließlich überreicht
der erzbischöfliche Stellvertreter das allerhöchste Bestätigungs-
Diplom dem k. k. Kommissär, dieser überreicht es dem Kommissionsaktuare, welcher es vorliest und dem versammelten
Clerus und Volke in der illyrischen Sprache bekannt macht.
Darauf wird das erzbischöfliche Empfehlungsschreiben gelesen
und der Akt endet unter dem Jubel des Volkes, mit einem
dreimaligen Emporheben des installirten Bischofes, worauf
dann die Messe folgt. Der k. k. Kommissär geht aus der
Kirche in die bischöfliche Residenz mit derselben Feierlichkeit,
mit welcher er empfangen wurde. Dort wird der Eid noch
in einem zweiten Exemplare unterschrieben und dem erzbischöflichen Stellvertreter überreicht. Endlich verlangt der
k. k. Kommissär Zeugnisse darüber, daß die Installation vollzogen ist, diese werden ihm von dem erzbischöflichen Stellvertreter eingehändigt.

125. Vom Standpunkte der der serbischen Nation
ertheilten Privilegien betrachtet, besteht das Karlowitzer Erzbisthum aus acht Eparchien, und zwar aus denen von Karlowitz, Neusatz, Temesvar, Arad, Verschetz, Ofen, Pakratz und
Karlstadt. Der Metropolit und die Bischöfe werden auf die
obenbeschriebene Weise gewählt und installirt. Es steht ihnen
frei, über die Hälfte ihres eigenen Vermögens testamentarisch

zu verfügen, — die andere Hälfte fließt in die Kasse der Hierarchie, den sogenannten Nationalfond, aus welchem die Bischöfe der ärmeren Eparchien jährlich eine Unterstützung erhalten, welche aber so wenig beträgt, daß dadurch ihre materielle Subsistenz nicht gebessert wird. Dieser Nationalfond befindet sich bei der Metropolie und wird von dem Erzbischofe und drei Nationalassistenten, einem Bischofe, einem Civilbeamten aus den Komitaten und einem Offiziere aus der Militärgrenze unter der Kontrole des Kultusministeriums verwaltet. Gleichfalls befinden sich bei jedem Bisthume zwei Epitropen, der eine aus dem Civil- der andere aus dem Militärstande, welche über die Integrität und Erhaltung des beweglichen und unbeweglichen Vermögens der Eparchie zu wachen haben. Diese Epitropen wohnen, wenn es die Umstände erlauben, in dem Orte der bischöflichen Residenz. Sie werden von der h. Landesstelle, auf Antrag des Bischofs und Empfehlung des Erzbischofs, ernannt. Diejenigen Epitropen aber, deren Amtswirksamkeit sich auch auf die Militärgrenze erstreckt, werden von der Statthalterei erst nach einer mit dem General-Kommando gepflogenen Berathung ernannt. Die Epitropen und die Nationalassistenten haben keinen Gehalt; sie sind verpflichtet, darüber zu wachen, daß nach Absterben eines Bischofs weder von dessen eigenem, noch von dem bischöflichen Vermögen etwas verloren gehe; ferner sind sie verpflichtet, bei der gerichtlichen Kommission, die das hinterlassene Vermögen des Bischofs inventirt und versiegelt, zugegen zu sein. Sie sind für jeden Schaden, der durch ihre Schuld geschieht, verantwortlich u. a.

126. Ueber die Klöster. Klöster existiren in der Archibiöcese von Alters her breizehn, nämlich: Kruschedol,

Remeta, Gergeteg, Hopova mit dem Filialkloster Alt-Hopova, Ravaniza, Jazak, Beschenova, Schischatovaz mit dem Filialkloster Petkoviza, Knvezsdin mit dem Filialkloster Gipscha, Pribinaglava, Beocsin mit dem Filialkloster Remetiza, Ralovaz und Fenek;

in der Eparchie von Neusatz sind zwei: Kovil und Bobian;

in der Eparchie von Temesvar drei: Bezdin, Sanct-Georg und Voiloviza;

in der Eparchie von Arab eins: Hobosch;

in der Eparchie von Verschetz zwei: Mesics und Zlatiza mit dem Filialkloster Bazias;

in der Eparchie von Ofen eins: Grabovaz;

in der Eparchie von Pakraz drei: Drahoviza, Pokra und Lepavina;

in der Eparchie von Karlstadt eins: Gomiria.

Diese Klöster alle sind für Mönche bestimmt, — Nonnenklöster existiren heutzutage keine. Man sagt, das alte Kloster von Jazak sei ein Nonnenkloster gewesen, jedoch gleich denen in der Bukowina durch politische Verfügungen aufgehoben worden.

Von den dreizehn Klöstern der Archidiöcese befindet sich nur das von Finek in der Ebene, unweit der Donau und Sau bei Semlin, die anderen liegen zwischen den romantischen Höhen des Mons almus serbisch Fruschka Gora, auf einem Raum von 12—13 Meilen und in einer Entfernung von ½—2 Stunden von einander. In der Nähe dieser Klöster, — ausgenommen jene von Hopova und Beocsin, — befindet sich das kleine Dorf Perniavor, welches von den Knechten und Dienern der Klöster gegründet worden ist. Streng genommen kann man sagen, daß sich diese Klöster bei einer vernünftigen Wirthschaft aus ihrem Vermögen und den kirchlichen Einkünften erhalten können. Zum Beweise für diese Behauptung kann der Umstand angeführt werden, daß ein Kloster, dessen Probst von seinem Berufe durchdrungen ist, in Allem gedeihet und blühet, im entgegengesetzten Falle aber einen traurigen Anblick gewährt. Im Jahre 1817 wurde im Kloster Hopova auch eine Schule errichtet, welche von Schülern anderer Klöster, die sich dem Mönchsstande widmen wollten, besucht wurde; nach drei oder vier Jahren aber ward die Schule zum Nachtheile des Mönchsordens, und mit Beeinträchtigung des großen Gewinns, der aus derselben für die Seelen hätte erwachsen können, aufgehoben.

127. Von den Schulen. Als die serbische Nation 1690 in Folge der vom Kaiser Leopold I. erlassenen Proklamation sich in den Donau-, Theiß- und Maroschgegenden Ungarns niederließ und politisch und kirchlich konstituirte, fing man gleich an, auch für Schulen zu sorgen. Jesaias Diakovics, nach dem Tode des Patriarchen Csernovics erst erzbischöflicher Verweser, darauf selbst Erzbischof, bat die Regierung im Jahre 1706 um die Erlaubniß zur Errichtung einer Buchdruckerei und zur Gründung etlicher Schulen. Er wirkte aber als Erzbischof nur ein Jahr und etliche Monate, worauf er starb. Nicht lange nachher ergriff die Regierung die Initiative in den Schulangelegenheiten, in dem sie in einem im Jahre 1723 an Freiherrn Kalanek, welcher Kameralbirektor war und auch den Titel eines Richters der serbischen Nation hatte, gerichteten Rundschreiben die Errichtung von

Schulen in den Städten und auf den Dörfern verordnete. Diese Verfügung der Regierung ward durch den vom Erzbischofe Moses Petrovics 1724 an die Geistlichkeit gerichteten Hirtenbrief und durch das Rundschreiben des Nationalkongresses von 1730 unterstützt; ihre Ausführung aber verzog sich bis in das Jahr 1731, in welchem der Erzbischof Vicentius Ivanovics besonders für die Karlowitzer Schulen sorgte und die Nation aufforderte, die Jugend in die dortige Centralschule, in welcher nebst der Muttersprache auch latina gelehrt wurde, zu schicken. Unter dem Metropoliten Paul Nenadovics ist im Jahre 1761 aus diesen Schulen ein Gymnasium entstanden, für welches er ein Haus hergab, in welchem sich jetzt noch das Obergymnasium befindet. Dieser eifrige Metropolit starb im Jahre 1768, und da das Vermögen der verstorbenen Erzbischöfe, aus welchem das Karlowitzer Gymnasium und andere Schulen erhalten wurden, mit zu dem Successionsrechte der Erzbischöfe gehörte und dieses im Jahre 1770 durch das illyrische Regulament aufgehoben wurde: so ward die Existenz des Karlowitzer Gymnasiums von dem Wohlwollen des Erzbischofs abhängig. So lebt denn der Metropolit Stephan Stratimirovics von Kulpin für die Consolidirung dieses Institutes, welches auch heute noch zum allgemeinen Besten besteht, in ewigem Andenken fort.

128. Ein Umstand, welcher sich auf die Errichtung dieses Gymnasiums bezieht, ist viel zu wichtig, als daß wir ihn unerwähnt lassen könnten. Ein Karlowitzer Bürger nämlich, Demeter Anastasievics, von Profession ein Schneider, welcher anfangs arm, aber durch Gottes Segen, Fleiß und Sparsamkeit zu einem beträchtlichen Vermögen gelangt war, nahm im hohen Alter, da er kinderlos war, einen armen

Knaben aus dem benachbarten Dorfe Kruschedol an Kindesstatt auf, welchen er auch die Schule besuchen ließ. Gleichwohl hatte er die Absicht, einen beträchtlichen Theil seines Vermögens für philantropische Zwecke zu bestimmen. Der Erzbischof Stratimirovics, dem es am Herzen lag, das Gymnasium in einen besseren Zustand zu bringen, begab sich, nachdem er von dem menschenfreundlichen Vorhaben des Schneiders Demeter Anastasievics gehört hatte, am 2. (14.) August 1791 zu demselben, legte ihm den Mangel an Bildung und Aufklärung unter der serbischen Jugend ans Herz, und belehrte ihn, welche große Verdienste um die Nation sich derjenige erwerben würde, der aus seinem Vermögen soviel, als ihm die Umstände erlaubten, für diesen Zweck opfere; der Metropolit fügte noch hinzu, daß er, Anastasievics, sich dieses Verdienst um die Nation erwerben könne. Als Anastasievics die Rathschläge seines Oberhirten, zu dem er volles Vertrauen hegte, und welchem er mit Ehrfurcht zugethan war, gehört hatte, erklärte er voller Freude, er wolle zur Errichtung eines höheren Institutes in Karlowitz 20,000 fl. unter der Bedingung geben, daß dieses Institut zu Karlowitz errichtet werden und unter dem Schutze und der Oberaufsicht des Metropoliten und der zu ernennenden Epitropen der serbischen Kirche und Nation stehen solle. Er war bereit, die Hälfte der versprochenen Summe sogleich herzugeben und sie fruchtbringend anzulegen, die andere Hälfte aber sollte das Institut erst nach seinem Tode in Empfang nehmen. Diese Erklärung des wohlthätigen Mannes überraschte den Metropoliten Stratimirovics nicht nur, sondern sie lockte ihm Freudenthränen hervor; er sah seine Rathschläge endlich von Erfolgen gekrönt, aus welchen der Nation und der Kirche von Geschlecht zu Geschlecht die größten Vortheile erwachsen würden. Es läßt sich wohl denken, daß der Metropolit dem frommen Manne von ganzer Seele gedankt und ihn vielmals gesegnet haben wird. Am folgenden Tage ließ der Metropolit mehrere Karlowitzer Bürger, unter denselben auch den Wohlthäter Anastasievics, zu sich kommen, und theilte den Ersteren die Kunde von der seltenen That ihres Bruders mit, welche demselben in wahrer Begeisterung, ihn küssend und emporhebend, ihre Anerkennung aussprachen, zugleich aber durch dies Beispiel gerührt, ihrerseits auch 13,000 fl. zusagten, welche Summe nachher durch die Beisteuer von neunzig Bürgern auf 19,000 fl. gebracht wurde.

129. Von seinem oberhirtlichen Eifer geleitet, gründete der Metropolit Stratimirovics neben diesem Gymnasium ein Konvikt und ein Alumneum. Ins Konvikt werden 40 bis 50 Jünglinge aufgenommen, die für die Kost einen ganz geringen Betrag zahlen. Im Alumneum aber erhalten unentgeltlich die Kost und täglich ein Brod 60—70 unbemittelte Schüler. Dem Verdienste des Metropoliten Stratimirovics wird auch die Reorganisation der theologischen Institute, die in Verschetz und Arad für die Romanen, in Karlovitz und Pakratz für die Serben bestehen, ebenso die Errichtung einer schönen erzbischöflichen Bibliothek zugeschrieben. Der Metropolit Stratimirovics verdiente somit in vollem Maße die Ernennung zum Mitglied der gelehrten Gesellschaft von Göttingen, mit welcher ihn die Vorsteher jener Gesellschaft beehrten.

130. Noch beim Beginne der Errichtung von Volksschulen war die Hierarchie in vier Schuldirektorate: 1. in das slavische mit den Komitaten Poszega, Vereotze und Sir-

mien; 2. in das von Temesvar mit den Komitaten Toron-
tal, Temesvar und Krasso; 3. in das von Ofen und 4.
in das von Großwardein eingetheilt. Zu Schuldirektoren
wurden die betreffenden Erzpriester ernannt. Der Bischof
von Temesvar Vicentius Joannovics, der später zum Erzbischof (1759—1774) gewählt wurde, hat sich um das
Schulwesen dadurch verdient gemacht, daß er durch Veran-
staltung einer Kollekte den Grund zu einem Schulfond legte.
Zur kräftigeren Förderung der Volksbildung geruhte Se.
Majestät Kaiser Franz I. den Hofagenten Urosius Nestoro-
vics im Jahre 1810 zum obersten Inspektor aller Volksschulen zu ernennen und demselben den Rang eines königlichen Rathes zu ertheilen. Im Jahre 1812 wurden fünf
Kreisschuldirektorate errichtet, zugleich wurde verordnet, daß
in den Kirchen Geld für einen Schulfond gesammelt werde.
Zur Beisteuer und Vergrößerung dieses Fondes wurden auch
die einzelnen Kirchengemeinden aufgefordert, in Folge dessen
der Fond in etlichen Jahren auf 200,000 fl. heranwuchs.
Zur Verwaltung dieses Fondes ward in Pest eine Kommission aus einem Vorsitzer und vier Beisitzern, — von welchen
zwei aus der serbischen und zwei aus der romanischen Nation
gewählt wurden, — einem Aktuare, einem Perceptor und
dem für die Kanzlei nöthigen Personale bestehend errichtet.
Die erwähnte oberste Schulinspektion erhielt sich bis 1859,
in welchem Jahre dieselbe von dem Kultusministerium, auf
Grundlage des Staatsprincipes, in Folge dessen die Schulen
einen konfessionellen Charakter annehmen, und, weil die Kirche
den sichersten Grund zur moralischen Bildung und Aufklärung lege, als kirchliche Angelegenheit behandelt werden sollten,
den betreffenden Bischöfen anvertraut wurde.

Fünfter Abschnitt.

Ueber die Kirche in Dalmatien.

131. Dalmatien und Istrien sind in politischer Hinsicht unter verschiedenen Regierungen gestanden, daher denn auch die Hierarchie genöthigt war, sich nach denselben zu richten. So hing die Hierarchie der Kirche von Dalmatien und Istrien, als die Patriarchen von Ipek geschützt von den serbischen Königen, ihre volle Macht besassen, von dem dortigen Patriarchenstuhle ab. Als aber die erwähnten Provinzen unter die Republik von Venedig kamen, hingen sie während des Bestandes derselben in kirchlicher Beziehung von dem Erzbischofe von Philadelphia ab, welcher in derselben durch einen Vikar vertreten war. Die Wirksamkeit dieses Exarchen aber ward unter der venetianischen Republik politischerseits sehr beschränkt; denn er hing in Vielem von dem dortigen lateinischen Bischofe ab. Nachdem Dalmatien in Folge des Friedens von Campoformio 1797 mit dem Königreiche Venetien an Oesterreich und von diesem, in Folge des Friedens von Preßburg 1805 an Napoleon kam, konsolidirte sich unter der französischen Regierung unsere Kirche und erhielt im Jahre 1810 den Archimandriten Benedikt Kralievics zum Bischofe mit der Residenz in Sebenico. Nachdem Dalmatien im Jahre 1814 unter Oesterreich kam, erhielt die Kirche die Bestätigung des Zustandes, in welchem sie unter der französischen Regierung gewesen. Der Bischof Kralievics saß auf dem bischöflichen Stuhl nur bis zum

Jahre 1822, in welchem er von demselben entfernt wurde, da er das Vertrauen des Clerus und des Volkes verloren hatte.

132. Die bischöfliche Residenz ist in Folge politischer Maßnahmen von Sebenico nach Zara, der Hauptstadt Dalmatiens, verlegt worden. Diese Eparchie zählt heute 77,706 Seelen, acht Dechanate, hundert Pfarren und elf Klöster mit vierzig Mönchen, unter welchen im Jahre 1857 fünf Archimandriten waren. Der bischöfliche Stuhl wird auf politisch-administrativem Wege besetzt, und die Ernennung des Bischofs erfolgt durch Se. Majestät. Der Karlowitzer Erzbischof hat bloß diejenigen, die er für die Bischofswürde befähigt hält, namhaft zu machen; dem zum Bischofe Ernannten aber ertheilt er die Weihe und das erzbischöfliche Empfehlungsschreiben. Der Bischof von Dalmatien hat wegen der Schwierigkeiten, mit denen die Reise in den felsigen Gegenden Dalmatiens zu kämpfen hat, in Boka-Kotara einen Generalvikar, welcher von Sr. Majestät ernannt wird. Archimandriten zu ernennen und zu weihen steht dem Bischofe kraft seines oberhirtlichen Amtes zu.

133. Wenngleich der Karlowitzer Metropolit dem Bischofe von Dalmatien die Weihe und das Empfehlungsschreiben ertheilt: so steht ihm doch nicht zu, direkt oder indirekt sich in die Verwaltungsangelegenheiten der Eparchie einzumischen, — der Bischof oder im Falle der Vacanz des bischöflichen Stuhles, der Vikar ist in den die Diöcese betreffenden Angelegenheiten unabhängig. Dem bischöflichen Vikare steht zu, die Kleriker zur Weihe an die benachbarten Bischöfe der österreichischen Monarchie zu senden. Für

die Bildung und Erziehung der Kleriker, deren Zahl auf zwanzig festgesetzt ist, ward im Jahre 1832 ein Klerikal-Institut mit fünfjährigem Kursus errichtet, welches unter der Oberaufsicht des Bischofs steht. Bezüglich der Volksschulen besteht eine Verordnung, nach welcher es jeder Kirchengemeinde freisteht, aus eigenen Mitteln eine Schule zu errichten, in welcher der Unterricht von einem Lehrer griech. orientalischer Religion ertheilt wird. Der Unterricht wird in der Sprache der Gemeinde ertheilt, weßwegen auch Schulbücher in illyrischer und italienischer Sprache nöthig sind. Endlich soll, wenn eine Kirchengemeinde sich eine Hauptschule errichtet, an derselben auch die italienische Sprache gelehrt werden.

www.ingramcontent.com/pod-product-compliance
Lightning Source LLC
Chambersburg PA
CBHW020409230426
43664CB00009B/1241